我長成了你喜歡的樣子

yoyo / 著

序 009

輯一 70億分之1的機率：我們從陌生人到陌生人，也是一種有始有終

從陌生人到熟悉
如果當時忍住了，該多好 014
不可能、有風險、沒意義、試試看 017
為什麼有人會那麼喜歡我 021
你沒堅持，我也沒當真 024
故意疏遠，並不是真的討厭 027

也許就是他了
也許我們沒有未來 032
完了 035
先別急著愛我 038
伸出手需要一瞬間，要牽牢卻需要一輩子 040
幸福的標準其實很簡單 042

晚安，明天見 046
我想和你一起看看未來有多遠 049
你的緊張與在意 052

為什麼我們會變成這樣

分手是我說的，可是我們都知道是誰想要走 055
當你們陌生久了，你會發現連說一句最近如何都需要勇氣 058
你是從什麼時候失去他的 061
我是個愛賭博的人，但我逢賭必輸 064
請早點認清自己在別人心中的地位 067
被愛的人，是不需要道歉的 071
分手的原因 075
心甘情願 079
敷衍的你 083

想哭但是哭不出來

我沒有難過，只是有點羨慕以後陪著你的人 087
溫柔有限度，失望是把尺 089
你還相信愛情嗎？ 091

不敢再那麼喜歡你了 094
這題其實我會做，那人我曾喜歡過 098
不是不喜歡了，是別問 101
沒有他，我會過得更好 105

從熟悉到陌生人

提起你，是我想你的方式 109
照片裡的陌生人笑起來好像你 111
我們適合當有很多回憶的陌生人 115
放不下是什麼感覺 118
你忘了，但輸入法記得 121
真的真的很喜歡 124
以後見面別躲了，不然不像普通朋友 127
大家都去談戀愛了，就你還在等前任 130
對著手機哭，對著手機笑，最後也沒能抱一抱 133
與其怨你，不如願你 137
太久沒見，會慢慢地連想念都沒有 140
三小時、三分鐘、三個月前 143
一輩子有多長 146

我不喜歡你了，別疏遠我好嗎？ 149
沒有了我的問候，你應該過得很好吧 152
回憶的期限 155
你有哪一點值得我義無反顧 159
我沒有在等你 162

輯二
家人／成長：累了就回家／這不是你最嚮往的長大嗎

你沒有翅膀，你不是天使 168
~~勉強~~ :) 171
不懂就閉嘴 176
長大了，真慘呀 180
有個固定陪你聊天的人，就已經比大多數人幸福了 183
曾經那麼好，現在卻什麼都不是了 186
對誰，都不要太熱情 190
來不及說的對不起和長大後懂事的感激 193
這世上只有和好，沒有如初 197
別把什麼都推給緣分 201

我沒哭，不代表我很快樂 205
稚嫩到成熟 208
他沒來之前，你本來就是一個人生活 213
你應該好好謝謝自己 218
喜新厭舊 222
My Man 224
我不覺得苦，只是我也不敢說很好 227
生活和責任 230
飛機、時光機 233

輯三
聊到你們時，你們像是我的驕傲：僅次於愛情跟親情的力量

可以做朋友嗎？還可以做朋友嗎？ 238
謝謝你一起陪我等天亮 241
友情不是一件大事 244
看到你的真誠被善待，我真的很高興 249

輯四 天空不只有烏雲，也有陽光：不要羨慕別人，你就是風景

放過自己 254
你不也只活過一次？ 257
你依然是那個運氣爆表的你 259
當時的夢想我還記得 263
有時間難過，不如花時間優秀 267
我很高興當時我有全力以赴 271
生活應該美好又溫柔，你也是 274
原來自己那麼棒 277
光輝歲月 280

輯五
難過了就大哭，這又沒什麼：如果你一直樂觀，我相信你有天會崩潰

垃圾也曾是禮物 286
不要從別人那打聽我 289
你不要一直跟我說對不起 292
我不是因為流行才厭世，我是真的不快樂 296
後記 300

序

也忘了第一次見到你是什麼感覺，你不是特別出眾，但我只注意到了你，路過我身邊的人很多，但我卻記得你的身影。一開始的陌生人到熟悉，每一段故事的開頭都會有一個人鼓起了勇氣。這次，是我。

「你好，很高興認識你。」

木頭的我只會這種老派的開頭，如果搭上話會覺得驚喜，失敗了也不會尷尬。陌生的感覺怕變成了尷尬，還好那時的你沒有閃躲，給了一個我到現在都忘不了的微笑。

「我也很高興認識你。」

平淡的生活有了小小的改變，每天起床不再只是一成不變的課業或工作，而是有了想要見到的人。也許你訊息回得很慢，即使見面也只是擦肩，我仍然感到幸福，原來對生活有著期待是那麼美好的一件事。

我們訊息往來越來越快，也從文字變成了聲音，我聽過你笑，也聽過你低落，原來你跟我一樣都是被傷害過的人；我們各自訴說著自己的故事，原來世界上不是只有我那麼難過。談笑間我們的關係更上一層樓，從陌生到熟悉。

當有一天我在外面看到東西就想拍給你看時，我才發現完了，對你的情感好像從熟悉變成了喜歡。感情中失敗那麼多次的我，內心深處卻有個聲音叫我去試看看。

偷偷打聽關於你的一切，想要把自己塑造成你心中一百分的樣子，這樣下次偷看你被發現時的眼神就不會閃躲了。為了你嘗試了不喜歡的事情，要的只是能與你有多一點交集；一句問候也好，我想在你的生活留下熟悉與痕跡。

我努力變成了你喜歡的樣子，個性、想法、興趣，我包裝自己，只為更接近你，但當我自認準備好，對你說出我的想法時，你淡淡地說了一句：

「你很像他。」

四個字在我腦中迴盪，每次的迴盪都撞擊著我的心，我覺得心快要裂開，從來沒有那麼難受過。我的努力與改變，根本無法在你心中留下我的印象，反而是讓你想起了曾經的那個他。

原來有些東西不是努力就能解決，原來有時候無解也是答案。感情可以簡單到一句甜言蜜語就走到永遠，也可以複雜到千言萬語都進不去對方的心。感情中沒有對錯，只有一個願打一個願挨。失敗了你問我後悔嗎？我說我不後悔，但如果還能重來一次，這次請讓我靜靜地錯過你吧。

「你走吧，謝謝你給我的一場空歡喜。」

輯一

70億分之1的機率

我們從陌生人到陌生人

也是一種有始有終

如果當時忍住了，該多好

告白，有時候只是不想留下遺憾……

有多少人，因為告白連朋友都做不成，但很多時候，他們鼓起勇氣的告白，只是不想讓自己留下遺憾。總想著會失敗，那如果不小心成功了呢？試試看吧。

最開始時你對我的吸引，是那麼地致命，不過我沒有想過在一起，我們的個性差太多了，所以停留在友誼別再往上了。做朋友也很好，畢竟像我們兩個人，根本不可能有未來。想是這樣想，可是心卻慢慢地向你靠攏，明知道不行還要去碰。不過，或許不理智的才叫愛情吧。

偷偷跨越了你的心牆，想去你心中的花園看看，做好了擁抱驚喜，也做好了接受一切的心態說出我真實的想法。以為自己是悲慘故事的例外，可是我們其實是例外之外，我以為難過一下就好了，可到現在還是會隱隱作痛。

告白有成功也會有失敗。

成功了，我可以光明正大地牽著你的手，擁抱你。

失敗了，我只能看著你牽著其他人的手，擁抱其他人。

喜歡一個人，如果可以就告訴他吧。他說不定已經準備好要答應你了，現在只差你的往前、只差你的勇氣，在嘴角的四個字不要吞下去了，說出來吧。

前些陣子在網路上，看到一個人的故事：他有個很好的異性朋友，兩人像是朋友，也像是閨蜜，認識了七年。七年後，他們在一起了，卻也很快地分手。分手後，他們回不到原來的朋友閨蜜關係，漸漸地也就疏遠了。他說他最後悔的，就是跟他在一起，因為他失去了一個朋友。

如果當時忍住，只做了朋友，該有多好。

拒絕的理由很多，個性不合、價值觀差太多……最爛的理由是你很好，是我配不上你。**不要說什麼我很好，我很好為什麼你不要？**

想回到過去阻止表達心意的自己，要是當時只停在朋友，起碼這一生還可以問候，可是現在，只能做偷窺他生活的小貓。告白讓你可能得到一個戀人，也可能失去一個朋友，很殘忍沒錯，可是有時就是需要放手一搏才會有完美的答案。或許會很痛苦但你不會後悔，後悔是最痛苦的事，因為你不知道對方的答案是什麼。

「告白失敗很痛苦，但後悔更難受。」

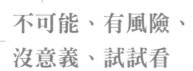

不可能、有風險、沒意義、試試看

你真正喜歡一個人的時候，會想什麼？
「會想以後。」

要怎樣才會喜歡上一個人？每個人的觀點都不一樣，有人覺得第一印象最重要，有人覺得感覺最重要，有人覺得長期的相處最重要。不論哪個觀點，每個人都是在用自己的方法找到自己的幸福。

被感情傷害了好多次，對於愛情也是越來越敏感，越長大越發現，原來我一直單身是因為我越來越不好騙。以前可能會被甜言蜜語撩走，別人一個舉動我就可以愛他愛到死，他稍稍對我好就覺得他喜歡我。現在長大了，知道甜言蜜語不如我現在去找你，你送我昂貴的禮物不如在我冷時給我一杯熱拿鐵，你稍稍對我好，會在心裡想我，大概只是其中一個原因吧。

一路上來來去去的人不多，感情的經驗不算豐富，卻都挺精彩的。每一次的失敗都讓我更討厭愛情，打從心底覺得可能我真的不配吧，可能我上輩子是個渣男，所以這輩子是來贖罪的吧。別人的愛情粉紅色，我的卻總是綠綠的。

越長大越難喜歡上新的人，自尊心、經驗、情理，喜歡一個人會想很多。現在已不再是一起去補習班就很甜蜜的年紀了，小時候的愛情懵懂不需要太多理由，長大了要考慮的事情太多了，都有自己要做的事情。兩個不同的價值觀要磨合成契合的靈魂談何容易，這時又覺得感情麻煩，還是一個人自在多了。於是，本來以為跟你的故事要用冒號開頭，卻不小心打成了句號。

常常有人問我，你單身那麼久，不想再找一個嗎？我想啊！想的不得了！但又怕我把心交給他，會傷痕累累地回來，我以為有天我墜落了，他會在下面把我抱緊，結果我摔得比誰都慘。

但我相信一定會有那個人出現，只是他還在路上，而我要等。

自尊心跟我說：「你跟他不可能。」

嗯，我也覺得我跟他不可能。他那麼完美，我卻少根筋；他是那麼多人的太陽，而我只是自己的月亮。

經驗跟我說：「這有風險。」

嗯，的確有風險，也許我只是他的一個過客，我為他付出了很多，到最後可能只是一場空；我說很高興認識你，他最後回了我一句，「你是好人，對不起。」

情理跟我說：「這沒有意義。」

嗯，愛情本來就沒什麼意義，所謂的意義不過就是我們一起寫下的故事。

這時內心突然輕輕地說：「試試看吧。」

我想，這就是真正的喜歡吧。我以前跟自己妥協的原則，在他的出現後全部被打破，因為他，我想再相信愛情一次。

我默默地在心裡告訴自己：「嗯，就一次，一次就好了。」

為什麼有人會那麼喜歡我

愛情讓人幸福也讓人不幸，
甜美的愛情人人嚮往，
但要到達那個地方需要何等的幸運。

有人因為告白失敗哭得死去活來，但你不知道有人在一起好幾年最後卻也分開了。我們都覺得自己最慘，覺得自己是悲劇主角，「為什麼全世界的戀我都失一遍，為所有的悲劇當特約演員。」——〈喜劇之王〉的歌這樣唱著。但你不知道，對其他人來說，你的失敗是那麼地微不足道，在愛情這條路上受傷的人太多太多了。

每次結束了一段關係，都會進入一個很特別的時期，你不喜歡自己一個人，卻又喜歡自己一個人，想做什麼就做什麼。等到第二個月後，才發現他是真的離開了，你才會開始哭。你覺得沒有他，你有很多事情可以做，而當你真的失去了，有時間做自己想做的事情時，才發現原來重要的從來都不是事情，而是陪著我的那個他。

在一起時越甜蜜，分開後的難過就越深刻。被傷害了，告訴自己不要再相信愛情了，一個人也可以過得很好。也不知道過了多久，好像真的習慣了一個人的生活，那些有你的片段都被我收進了心底。

之後的日子，我遇到了我喜歡的或者喜歡我的，但我始終不知道我是真的放下了，還是只是藉著你放下他，努力地在你的身上找他的影子。很多時候我遇到了喜歡我的人，他真的很好，在他身上我好像又看到了愛情最原始的樣子，但我仍然不敢往前那一步，我不敢相信愛情，不是在考慮，不是還沒走出來，我只是不明白，為什麼有人會那麼喜歡我。

我真的值得擁有一個好的愛情嗎？

每次這樣問自己，內心給我的反饋卻是那麼地動搖。在愛情裡面失敗那麼多次的我，都想過丘比特是不是放棄我了，月老給別人的紅線都像鋼絲一樣，為什麼給我的卻像是麵線。

你是真的喜歡我嗎？

我這麼難搞，你真的喜歡嗎？

我曾經不再相信愛情，

但你願意讓我再相信一次嗎？

你沒堅持，我也沒當真

喜歡一個人的時候是沒有道理的，有時候可能就是因為一個感覺，一個動作。

他可能不是最出眾的，但在那個瞬間，他在我眼中一定是最閃耀的。喜歡一個人很簡單，但要一直愛著並不容易，畢竟一瞬間的喜歡跟一輩子的愛是不一樣的。

有人把喜歡一個人的行為隱藏得很好，周遭的人都看不出來，跟他站在一起時臉上平平淡淡地微笑，但心中的小鹿都已經快要撞到昏過去了；而又有些人不擅長隱藏自己的愛情，他覺得他裝得很好，以為自己天衣無縫，但其實旁人早就看出來了。的確，喜歡一個人的時候，就算你不說出來，但眼神還是會出賣你。

有一句話是這樣的：「你的暗示他其實都懂，他不是遲鈍，他不是不懂，他只是不喜歡你而已。」喜歡一個人的時候那個眼神都會變，行為都會反常，吵鬧的我變得安靜，跟他對到眼還會害羞地撇過去。其實對方都懂，他也都明白，他只是不忍拆穿，傷害了你們的平衡點。

我以為一直喜歡你，有天可以感動你，我相信我對你做了那麼多，你或多或少都有感覺，畢竟如果一個人不特別，是不會有人對他那麼好的。你也一樣，你在我眼中最特別，那我也要把最特別的給你。

我相信其實在很多個瞬間，

你應該是有喜歡過我的。

只是那個瞬間太短，稍縱即逝，

而你沒堅持，我也沒當真。

之前看到一個故事，兩個大學同班的同學，在畢業後的幾年因為通訊軟體重新聯絡上，聊天才得知對方在學校期間都曾喜歡過對方，但因為當時的不勇敢，讓他們錯過了彼此。

常常有人糾結對方的心意，我到底該不該告白，我覺得這種東西本來就像賭注一般，告白這種事不像擲硬幣一樣是五〇%的機率，有時可能只是一%跟九九%，而有時又是〇%跟一〇〇%。告白就像是賭注一樣，你可以正大光明地說出我喜歡你，還是只能在手機上打出晚安早點睡，再一個一個字地刪除。

有時錯過了，就真的錯過了。

你以為來日方長，

但大多都是後會無期。

故意疏遠，
並不是真的討厭

什麼情況下會疏遠一個人？
你討厭一個人的時候你會疏遠他，
你覺得他很煩的時候會疏遠他，
但當你太喜歡一個人時，你也會疏遠他。

大家都希望喜歡的人可以一直陪著自己，學生時期位子被排在一起就可以開心好久，考上高中大學之後的他跟我同一間學校，就覺得這三年的辛苦沒有白費。

有時候疏遠不是因為真的討厭，而是太喜歡了。

仔細想想好像真的是這樣，每個愛情都有心酸的地方，也有自己才懂的難處。因為我沒有跟你表達我的心意，所以你也不能拒絕我，我只好這樣默默地喜歡你，我不想破壞這個平衡點，我怕這個天秤一傾斜，我們就回不去了。

但人畢竟都是有感覺的生物，一次一次的失敗，再有耐心，再有好感的人都一定會累。看著你跟別人有說有笑，我卻連跟你說話的勇氣都沒有。

你永遠不知道你有多喜歡一個人，

直到你看到他跟別人走在一起。

好幾次都會想，要是旁邊那個人是我就好了，我們不用說很多的話，我只要在你的左邊靠近一點你的心，就會覺得我們的距離是不是更近了些，只可惜那都是我的想像，我沒有勇氣去實踐。

那好吧，我們不要見面吧！

只要不見面就不會知道你現在過得好不好，你哭了有人逗你笑，你餓了有人帶你去吃東西，我沒看到，所以我可以騙自己。

我一點都不討厭你，我非常非常喜歡你。

看著別人跟你的互動，我不只羨慕還很嫉妒。但是我又很無奈，畢竟我不是你的誰，你也沒必要為我的喜歡負責。畢竟喜歡你是我一個人的事情，是我沒有勇氣說出真正的想法，那你也沒有必要顧慮我的感受。

總覺得我的喜歡會打擾到你，也或者是你心中早就已經有了一個喜歡的人，你不喜歡我，我主動一〇〇〇次都沒有用，就像錯誤的密碼輸入一〇〇〇次也只會顯示密碼錯誤。

那好吧，我不提筆，就不會有結局。

我當時如果沒說：「你好，很高興認識你。」

是不是就不會有那句「謝謝你，對不起」。

「我會學著放棄你，是因為我太愛你。」

——〈安靜〉，周杰倫

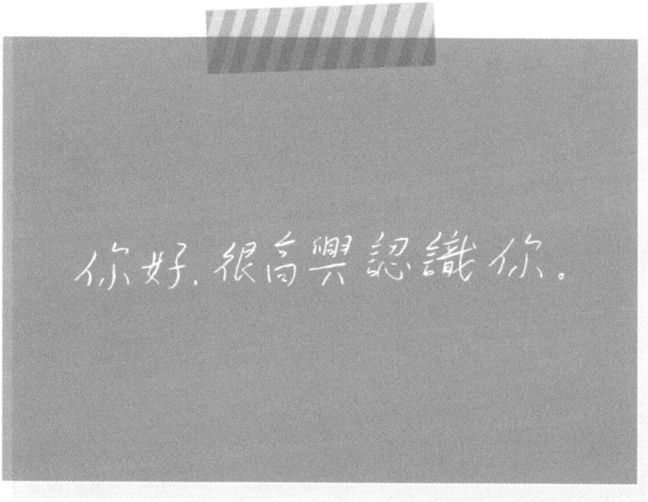
你好，很高興認識你。

也許我們沒有未來

**一個人的感情史走到最後，
正常的情況都是跟一個人步入禮堂，
而他是最後你選擇共度餘生的人。**

國中、高中、大學、出社會。不同的我們有著不同的思考，欣賞不同的女生，分分合合是我們在感情路上不可避免的事。

「也許我們沒有未來，所以請珍惜現在。」

這句話是我如果可以回到過去，會對每一位曾經的戀人說的話吧！在一起的也好，曾經曖昧的也罷，我們總是因為身在其中，享受著過程，忘了時間，卻也留下了遺憾。

「也許我們沒有未來。」

這是多麼難過的一句話，誰不希望眼前就是對的人，誰不希望可以跟當時喜歡的人走到最後。但現實是殘酷的，可能因為價值觀分開，可能因為小摩擦沒有即時修復，變成大裂痕才發現已經彌補不了。

分開了，看著以前的照片，整理著曾經的回憶，因為自己的不珍惜，因為自己的幼稚，你失去了一切，你想回去，但你不可能回去。

我在那個階段遇到你，我只想好好愛你；

我從沒想過分開，但我絕對想過未來。

也許我們沒有未來，

所以請珍惜現在。

交往五、六個月最終在一起的我見過，
交往六年分手的我也見過。
在一起時想過的未來，
都在分手的瞬間崩塌。
這是什麼？
這是遺憾……

完了

曾經有人問我相信日久生情嗎？

我覺得自己真的是日久生情派，常常喜歡上一個第一眼沒有好感的人，慢慢了解他後，結果等到回過神來就發現自己好像有那麼一點喜歡他。

有人一見鍾情認為第一眼就決定了我跟他會不會有後續，有人需要一段時間的了解後才會確定自己的心意。有一句話是這樣的：「一見鍾情鍾的是臉，不是情。」

你可以裝一下子，卻不可能裝一輩子。

大家的第一次見面、互

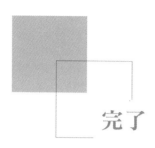

動，都希望給對方留下好的印象，但我覺得很多都是可以裝出來的，真正的個性只有再慢慢了解後才會被發現。

他長得很兇，內心卻很溫柔；

他看起來是好好先生，內心卻是一個壞蛋；

他看起來好像暖男，但其實是個渣男。

所以我自己是相信日久生情的，你了解他後反而沒有離他而去，反而更想了解他，我覺得那才是真正的喜歡。

你跟朋友聊天，如果他沒回，你不會太在意，想說沒回就算了，沒差。但跟喜歡的人聊天就不是這麼一回事了，你會無時無刻看手機，看到他回訊息就很開心，看星座的時候順便把他的一起看了。當你開始期待他回訊息時，你就知道又完了。

「完了，怎麼辦？

「我好像有點喜歡他。」

先別急著愛我

在一起後才會知道對方真正的習慣。

很多人分手的理由都是對方跟我想的不一樣，我以為他很貼心，我以為什麼……我以為什麼……都覺得是對方的問題，但那其實是自己的錯。

你有沒有想過，其實你喜歡的不是他，而是你想像的他。在一起前把對方想得太完美，他明明就很冷，你就一直想像著他很熱情；他明明就喜歡安靜，你就想像著他喜歡熱鬧，等到在一起後才發現，原來他喜歡的跟你想像的完全不一樣。

大家都覺得我愛你，你什

麼都可以，但最後那些你以為你能包容的點，卻成為扳倒你們感情的絆腳石。

不要輕易說出我愛你，然後再說為什麼你變了，你不一樣了。我沒變，我一直都是我，是你把我想的太美好，那是你的錯。

在說愛以前，先去了解真實的他。

我有個怪脾氣，你能忍受嗎？

我有佔有慾，你喜歡嗎？

我有時很自私，你可以嗎？

我常常任性，你願意嗎？

別急，為了最好的我們。

伸出手需要一瞬間，
要牽牢卻需要一輩子

**男女生對於愛情的想像是很多樣的，
可能從小時候憧憬的白馬王子，
到年紀大一點的務實，
可能等回過神時，
我們已經忘記那個愛情最初的甜蜜模樣。**

女生都覺得自己是公主，會有王子騎著白馬來找他們；但他們都錯了，其實他們才是白馬，王子騎著他們，找著自己的公主。

大家都希望有美好的愛情，都希望有個疼愛自己的人出現，我很久以前在網路上看到一句話：

「神呀，拜託給我一個真心愛我的人吧！」

「我已經給了呀，只是你說你只想跟他當朋友而已。」

這句話看起來好像很好笑，卻又有點那麼悲傷，多少人因為告白，連朋友都做不成，又有多少人，以朋友的名義愛著一個人呢？

「從前那個年代，車馬很慢，書信很遠，一生只夠愛一個人。」

在這個發達的社會，很多人譏笑著年輕人談著所謂的「速食愛情」，卻發現自己也曾經為交而交，沒有契合的兩人，也不會長久吧！我看過認識一星期就走到最後的情侶，也看過長跑好幾年最後分手的情侶。

「曾經的海誓山盟，卻成為離開後最刺耳的回音。」

也許你現在不願相信那些平淡的道理，但願你可以在轉了一圈後，即使遍體鱗傷，也可以有幸找到正確的那個人，好好牽好他的手，別再放開了。

「伸出手需要一瞬間，要牽牢卻需要一輩子。」

幸福的標準其實很簡單

幸福是大家都在追求的東西，
也是大家最想抵達的目的地。

故事都說「從此過著幸福快樂的日子」，慢慢地自己也憧憬未來，也期盼著長大，想去未來看看，看看自己的幸福是什麼。

幸福百百種，每個人詮釋幸福的方式也不盡相同。小時候我們的幸福是下午放學吃到好吃的點心；出社會後我們的幸福是中午午睡時的放鬆，有了自己家庭的喜悅；老了後我們的幸福是有退休金、健康的身體，還有孝順的兒女，甚至到臨終前也希望可以葬在自己喜歡的地方，最終抵達幸福的原點。

年輕的我們感受到幸福的方式，大概就是學生時代的戀愛吧！

國小時不知道愛情，只知道他給我糖果吃，我覺得好幸福。

國中時好像知道愛情，卻也僅止於我覺得他長得好帥，會不會念書、有沒有才華都沒關係，反正好看就好了，他送我一個生日板子我就覺得好幸福。

高中，我想很多人愛情的萌芽是從這邊開始的吧！那時候長相不再是一切，成績、態度、個性都是吸引我們的地方。第一次一起跨年、一起看煙火，也許還沒有在一起，也許只是站在他旁邊，但我覺得那就是幸福。

大學，最後的求學階段，這時候很多人到外縣市念書，開始打工，在大學不同社團認識不同的異性，開始會想未來，這時的我們覺得有理想、有抱負的人，才是正確的人。體驗到同居的生活後，慢慢知道生活不是一個人的事情，而是需要兩人的退讓配合，可能多少都有摩擦，但我覺得這種平平淡淡的愛情，就是我要的幸福。

每個階段的愛情，不論你最後是分開還是繼續走下去，那都沒有對錯。**逝去的愛情就跟落枕一樣，回頭看就會痛，那就努力往前吧！**我們會改變，愛的人也會改變，分開了，在一起了都不是重點，重點是你有沒有在那個時候好好愛一個人。

隨著成長，常常看到周圍的朋友，包括自己，經歷各種分分合合，因為年紀增長想得比較多，以前可能會包容，但現在遇到雙方有衝突的點，而當愛情不夠堅固時就會分開。

「為什麼幸福離我那麼遠？」

「為什麼我都找不到幸福？」

親愛的，其實幸福真的很簡單，只要你的笑容多過淚流，他就是對的人了。相處一定會有摩擦，你激動得哭了，他卻哄著你，遞給你一張紙巾，「沒事的，誤會解開就好了」，你們變成那對別人稱羨的情侶，每一次的和好都讓你們的心更堅定，如果有天冷淡了，那就重新認識你。

小時候總想找個我愛的，要好看，身材好。但長大了才發現我要找個愛我的，他不需要多好看，只要我喜歡就好了。他不需要身材多好，他不需要有馬甲線、腹肌，只要有顆裝著太陽的小肚腩就好了，難過的時候他會像太陽一樣溫暖我，像剛曬完太陽的棉被一樣溫暖，喜歡他身上的味道，就想這樣賴著不走。

其實幸福就在身旁，只是你有沒有察覺而已，不一定要轟轟烈烈的愛情，平平凡凡的感情也很珍貴。沒有愛情的幸福，你還有友情，你還有親情，世界沒有你想的那麼灰暗，依然會有太陽照亮你，至少我是這麼相信的。

真正的愛情一定是讓你越來越好，而不是一直消耗著你，笑容才是感情裡面最該常常出現的東西，而不是眼淚。

你笑我跟著你笑，

如果你哭，我會替你抹掉。

晚安，明天見

怎麼樣的情話最浪漫？是要把天上星星摘下來送你，還是你難過了我會陪著你？

動人的情話大家都喜歡聽，但做不做得到又是另一回事。你說你是天上的星星穿越了好幾光年的距離，只為讓我看到你一瞬的光亮，我還寧可你是路燈，那樣有用多了。

情話是讓兩個人感情升溫的良藥，有些人說不出口就用寫的，有人不擅表達，於是把想對你說的情話化作了每個你感覺窩心的小動作。大家都用自己的方式愛著對方，不論你看不看得到，但請你一定要相信有個人在默默地愛著你。

最美的情話不用什麼海誓

山盟、海枯石爛，而是那些陪伴跟細節，最幸福大概就是，你喜歡黏著的那個人，永遠都不會嫌你煩。

每次跟你聊天聊到累了，我都可以很放心的說我想去睡覺了，我們不會因為話題中斷而沒有了聯繫，那種感覺可能就是安全感吧！我可以安心地晚安，因為明天會有你的早安陪我起床。

「欸……我今天有點累了，想睡了。」

「去去去快去！睡覺重要，聊天隨時都可以聊，睡飽最重要。」

也許這就是你那麼吸引我的理由，你沒有送過我很貴的東西，但你在每一次遠門都會記得我的小禮物，可能是一包糖果、一個小吊飾，但那些都不重要，因為是你給的，所以才最珍貴。你用你的方式喜歡著我，在別人眼裡可能笨拙好笑，但我覺得那就是你最可愛的地方。

「晚安囉，早點睡。」

「我也差不多了啦，晚安喔。」

「明天見。」

我想和你一起看看未來有多遠

有一天你會遇到一個人，
他不是最優秀的，
但在你眼中卻是最特別的，
你說不上他的好，但就是誰也替代不了。

你現在在和他相遇的路上，而他也正在向你走來，你一路上的挫折、受傷，都是為了成長，讓自己可以用最棒的一面去迎接那個對的人，他一定會出現，你要等。

「我喜歡你。」

「喜歡」這兩個字太輕微，像是不經意間脫口而出的一句話，你是喜歡我，還是欣賞我？喜歡在某方面來說是可以取代的存在，也許你喜歡了很多人，而我只是其中一個，你是喜歡我的外表，還是內在？喜歡太輕微，像是午休有個人偷偷戳了我的背，但我回頭看時卻沒有人抬頭。

「我愛你。」

「我愛你」這三個字太沉重，為什麼你要接受我的愛？現在的我，什麼都沒辦法給你，而當我說出我愛你的時候，你的心裡應該也跟我一樣煎熬吧。也許你只是想當朋友，而我的這句愛你讓你猝不及防，你不想失去我這個朋友，但又不想讓我亂想。愛你太沉重，像是有人在抽屜放了一封未署名的信跟一盒巧克力說：「我們交往吧！」

「我想和你一起努力。」

愛情就是兩個不完美的人，一起以完美為目標前進。你對一個人有了慾望，那是喜歡，你想要佔有他；但你對一個人忍住了慾望，那是愛，打從心底希望對方變好，看到對方難過，你也會跟著難過。喜歡是需要理由的，但愛卻不需要，那種「打從心底覺得就是他」的感覺不會騙人。

「我想和你一起努力」這句話剛剛好，覺得喜歡你的瞬間，可能是因為一個理由，你長得好看，你讀書好厲害，但那些理由卻無法說服你；而愛更像是一個過程，我們都有缺點，我們都在成長，一個人的路好難走，但有你相伴我就勇氣百倍。

也許「喜歡」兩個字太輕微，像一陣不起眼的微風吹過你的身旁，但我會努力讓你知道我一直都在；也許「我愛你」三個字太過沉重，現在的我什麼都給不了你，但我會更加油讓自己成為夠格說出這句話的人。

也許未來很遠，

但我想和你一起，看看到底有多遠。

你的緊張與在意

因為重要，所以在意：
因為在乎，所以緊張。

對一個人無感或失望的時候，你會變得不在乎，不想管，跟我沒關係；可是你很重視一個人，或是在乎一個人的時候，又是另一回事了。

對方生氣了，你會緊張，會覺得是不是自己做錯了什麼事，你會在意他的反應，不想要繼續這樣，所以你會道歉，因為你把這段關係看得比你的道歉重要。

「有人心疼著你，就是幸福。」

你感冒了，他比你還緊

張，別人叫你吃藥，他逼你吃藥，你怎麼今天臉那麼臭，他會很在意，願意出糗或是當個小丑，只為看到你的笑，其實你一直被愛著、在乎著，只是你沒有察覺而已。

有時候也不是真的生氣，但就是故意鬧脾氣，想看看你的反應，當你表現出緊張和在意的時候，我除了覺得你很可愛外，心中更多了一份安心與暖和。

原來我還被在乎著，這麼糟糕的我，原來還是有人珍惜，謝謝你包容我有時的無理取鬧，笑的時候一起笑，我哭的時候你替我擦掉，我說害羞的話臉會紅，但我真的想跟你說一聲「謝謝」。

謝謝你。

謝謝你的緊張與在意。

也許可以再相信一次。

分手是我說的，可是我們都知道是誰想要走

感情淡了，很難再升溫，
你們想要改變，
卻怎麼樣都找不回第一次見面的臉紅，
剩下的只有每晚哭紅的眼睛。

遲遲不分開的原因，大多都是捨不得跟不甘心，一起經歷了那麼多，沒想到就這樣散了，不甘心就這樣結束，我們應該還有很多事沒有一起完成，以為還有很長的路，卻沒想到一下就到了盡頭。第一次見到你的心臟噗通聲，如今在心裡只剩回音。

從互相扶持到最後只剩單方面的苦撐，你們其中有個人想要走，卻不知道怎麼開口，能拖一天是一天，讓那個不願分開的人度日如年，而有些人，不擅長分手，卻很擅長讓對方提出分手。

突然消失、訊息不回、口氣變差、沒有耐心。

你知道什麼最讓人噁心嗎？就是新鮮感結束後的敷衍，跟那句「我沒變」。是個人都知道你變了，你在無形之中已經把你真實的想法表現出來，你覺得你裝得很好，但其實並沒有，我知道你真的變了，但我又要怎麼拆穿你，你就像個裝睡的人，我怎麼樣都叫不醒。

分手是我提的，可是我們都知道是誰想要走。

也許你要的只是我放棄你吧！喔不，對你來說，是放棄你，還是放過你？在一起要兩個人點頭，但分手卻不用，你敷衍的態度就像是告訴我，你膩了，我們不適合，分手吧。

有時候會覺得，你就給我一個痛快吧，不要撐在那裡，我也會痛呀！分手要勇氣，但說出來更需要。徹底切斷了曾經，從明天開始我們就不再是我們，回憶可以收起來了，因為他不再是想起時會笑的回憶，是想起來會痛的教訓。

想走的人，你留不住；

想留的人，你推不走。

當一段感情只剩下一個人在苦苦支撐，那可能真的就是分開的時候了。

牽手的時候，誰沒想過未來；

放手的時候，誰沒想過曾經。

當你們陌生久了，你會發現連說一句最近如何都需要勇氣

「欸，你要不要講電話？」

不知道從什麼時候開始，我們從打字變成了打電話，十分鐘、半小時、一小時，我們像是有說不完的話，每次都要聊到半夜才肯罷休，一日復一日，我慢慢習慣有你的聲音作伴。

總覺得你就是永遠，你就是對的人，我期待著你的電話，鈴聲響起，震動的除了手機，還有我的心。我們聊到了未來，聊到了夢想，你跟我說你的夢想是要去遍世界各地，用自己的眼睛看看世界。你問我：「那你的夢想呢？」我說平凡就好，

可是其實我真的夢想是：你的夢想裡有我。

「我覺得，我們真的不適合。」

兩眼空洞地看著手機，默默把你移開了置頂，整理著以前的種種，我把它當作我最珍貴的寶藏，而寶藏最好的歸屬，就是埋起來，所以我把你埋在我心深處。

「對不起。」

「希望可以當朋友。」

我努力讓自己抽離，努力讓自己變回朋友關係，但哪有這麼簡單，聽聞你的消息，心中依舊波瀾起伏。我們有默契地改變，以前你會找我，我也會找你，現在的我們像是沒有對方的存在一般，名義上的朋友，卻是實際的陌生人。可能是怕難堪吧！不論多努力都不會往前，再多的爭取抓到的都是空氣，這種前進沒資格、退一步捨不得的關係，對我跟你都是一種折磨。

我在遠處偷偷看著你，看著你的動態更新，今天跟誰又去了哪裡，吃了什麼，心中替你高興，幸好你走出來了，不要像我這樣，這麼難受。我在你生命中缺席，看著別人進入你的生命，再看著自己被慢慢地遺忘。

我們像是兩條相交的線，經過一個點後漸漸分開，永遠不再有交集。

我們可以說說話嗎？像以前一樣每天聽你說今天發生的事；

我們可以說說話嗎？我不是故意要惹你生氣；

我們可以說說話嗎？像剛開始認識那樣。

你是從什麼時候失去他的

早安是一天的開始，
午安是一天的中場休息，
晚安是一天的結尾。

容易害羞的我們，不喜歡說「我愛你」，所以我們把這三個字摻雜在對你說的每個字句裡面：我們不說早安，我們說起床了嗎？我們不說午安，我們說吃飽了嗎？我們不說晚安，我們說早點睡？看似簡單的問候，卻包含了千言萬語。他怎麼跟你說晚安，就怎麼愛你，每天堅持跟你說晚安的人，往往最深情；那個需要你的晚安才能睡著的人，對你的依賴往往最深。

起床後看到你的訊息覺得天空特別藍、陽光特別暖，睡前收到你的「晚安早點睡」，就覺得今天也值得了。即使隔著手機，但我還是開心有你的晚安陪我入睡。

「你是什麼時候失去他的？」

「大概是從不再互相說晚安的那一天開始吧。」

我想要你早起後第一個回覆我，

我想要你睡覺前最後一個回覆我。

生氣的時候會故意不回訊息，我裝作無所謂，結果卻發現你是真的不在乎。我們這段關係最難過的也許就是我不去找你，你大概也不會找我了吧。

以前睡前都會習慣跟你說聲晚安，就好像早上要點名一樣，我可能會忘記刷牙，但我絕不會忘記跟你說晚安。你已讀後也回我「晚安」的那個瞬間，我心中的動物園都要暴動了。

那天夜晚的月亮大又圓，星星亮又多，我想拍下來發給你，在打開聊天視窗後看到我的訊息依然擺在那邊，就瞬間覺得這個夜空也沒那麼漂亮，滿夜星空也黯淡了下來。好幾次想再鼓起勇氣發送一個訊息給你，卻發現我什麼都想不到，也許是害怕期望再次落空吧。

「晚安」只是兩個字，但它卻包含了好多的東西，睡前大家都很累，追劇的追劇，玩電腦的玩電腦，如果還有個人願意對你說晚安，我想他一定非常非常喜歡你。

過了好久，可能現在有人代替我跟你說晚安了，你可能也不會知道，曾經有個人會因為你的兩個字讓心情像是坐雲霄飛車一樣時好時壞。但那些都不重要了，你的晚安已經變成我耳邊的餘音，那個溫柔的聲音是我那段時間最喜歡的平凡。

所以謝謝你，這是最後一次了，

晚安。

我是個愛賭博的人，但我逢賭必輸

我是一個愛賭來賭去的人。

小時候跟你賭我明天會考一百分，長大後我跟自己賭，賭你什麼時候會來找我、賭我在你心中的地位、賭我自己會不會忍不住去找你。

我不去找你，那大概你也不會來找我了，不知道自己的主動是不是種打擾，如果不是，為什麼你沒有回頭看我？每一次的主動都像是個冒險，我不知道你是忙是閒，所以只能輕輕地問一句：「你在幹嗎？」每一個你在幹嗎的後面都躲著不敢出來的「我想你了」。忽冷忽熱會感冒，主動久了會失望，所以我放棄了，我變成一個嗜賭的人，我就賭你什麼時候會來找我，可是最後慌的總是我。

我在你心中的地位究竟在哪裡？是唯一一個，還是其中一個？我看到新奇的東西時想第一個給你看，我開心時想第一個跟你分享我的快樂，因為你在我心中的分量僅次於家人，甚至有時大於家人。那我呢？我在你心中的分量又是多少？我不求一大塊，只求有一部分，專屬於我的部分，而不是把我歸類在「普通朋友」那一部分。

所以我賭，賭我在你心中的地位。

很多人勸我放棄，我在心中下定了決心，你不要再住在我的回憶裡了，我想把你趕走，因為我喜歡你，但是我好累好累。下定決心不理你後的幾天裡，我覺得很快活，時間多了，笑容多了，但是，寂寞也多了。還是會習慣打開那個畫面，「一個貼圖、一句話就好了」，總是在內心糾結該不該按下發送鍵，我暗自在心裡跟自己打了賭，賭自己會不會忍不住找你。

到最後，

我沒有找你，你也沒有來找我。

我在你心中的分量也許真的只有一點點，

最後我還是犯賤地點下發送鍵，

一切回到原點。

「我是個愛賭博的人，但我逢賭必輸。」

請早點認清自己
在別人心中的地位

每個人的心中都會有覺得重要的東西，
這個東西可能是人，可能是物品，
也可能是夢想。

那些東西在別人眼中可能普通、很廉價，但當自己落魄失去動力時，卻能給我們力量。

有人覺得錢很重要，沒有錢沒有安全感，看到存款快見底了趕快努力工作。

有人覺得夢想很重要，每當失去前進的動力時，都會告訴自己為了夢想你要繼續加油。

有人覺得家人、另一半很重要，工作好累了看看對方的照片，告訴自己再撐一下，為了他們，我要更努力。

你在我心裡的地位，我自己都羨慕。

每件事情都有先後順序，就像你有一包糖果你會先分給誰，最後剩的再給誰，我們會把自己認為重要的人擺在第一位。什麼是重要的人？我想大概就是你不管喜怒哀樂，第一個想聯繫的人吧。

但可笑的是你不知道，你認為很重要的人，他是否一樣重視你？我們常常高估了自己在別人心中的地位，覺得自己唯一，但只是其一。我們很開心他來找我聊天，卻不知道其實只是沒人找他了，他才來找我們，我們當了二三四五名，卻還以為自己是第一順位。

「為什麼他不理我？

「為什麼他已讀我？

「為什麼？為什麼？」

當你開始在乎一個人的時候，要麼你喜歡他，要麼他很重要，然後自己就會有種可笑的使命感，感覺對方的喜怒哀樂都跟自己有關，他更新了動態，你覺得他一字一句都是在說自己，總是笑別人愛一個人愛到不理智，結果原來自己也一樣。

糾結的時候想一想，你對待你認為重要的人，你會那麼漫不經心嗎？他約你出去你請假翹課也要去，他跟你聊天，你在洗澡也擦手回覆，為什麼他說的話你那麼在乎，不就是因為他很重要嗎？

那你呢？

你約他出去，他說他要上班很忙，

你跟他聊天，聊個三句就已讀消失，然後說了一句：「喔喔，我忘了」。

為什麼兩個人的互動會差那麼多，不就是因為對他來說你不重要嗎？

我相信你比誰都明白你們的矛盾，而他的忽冷忽熱早就讓你涼了心，水冷了可以加熱，但心涼了就很難再熱起來了。

你不願意說服自己，你只是一次又一次地對自己說：

「他還是在乎我的……吧？」

顫抖跟迷茫的口氣都說明了你心裡的不安，別人都說你很傻，說你在迷茫裡沉淪，但其實我們比誰都清醒，清醒地看著自己沉淪。

自己永遠是自己的主角，不要總在別人的故事裡傾情演出。你可以路過看看，但不要久佇於此，你闖入他的故事裡，你最多也只是個配角，所以請回到屬於自己的故事裡，演一段你專屬的人生。你需要做的只是梳理自己的羽毛，飛去你想去的地方，看看你嚮往的遠方。

被愛的人，是不需要道歉的

「被愛的人，是不需要道歉的。」

不論是男生還是女生，所有人都討厭被欺騙，而當我們被欺騙了，大事可以被我們化成小事，小事可以一笑帶過，但我們會在心裡把你默默地扣分。你可以一無所有，但不能沒有信用，而最諷刺的可能是我明明知道你在說謊了，我卻在心裡幫你圓謊，我看著你說謊卻安慰著自己。那個謊是那麼地真實，但同時又是那麼地傷人，那些謊言像飛刀一樣刺在我的胸口，鮮血都滲出了，我還摀著傷口笑著說我不痛。

什麼時候我們會原諒一個說謊的人？

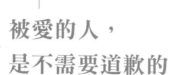

是他不得已才騙我們的，

還是那個其實是善意的謊言，

又或是當我們喜歡對方的時候。

一個人很喜歡你的時候，你就有了傷害他的能力，你忽冷忽熱的回覆，他會在心裡跟自己說你只是在忙。你的一舉一動都影響著對方，做錯事了你不用說謊騙他，因為他會自己騙自己，即便是再荒唐不過的謊言他依然會選擇相信。

「自欺欺人。」

自己騙自己，永遠都在撒謊，永遠都有理由，就是不接受他對你沒興趣的這個事實。你都看到他已讀你，回覆了別人，還安慰自己他只是沒看到：他已經很明顯地拒絕你了，你卻把眼睛閉起來假裝沒看到。因為沒有看見，所以你還有機會，日復一日，每天都在騙自己。

「你要知道，你跟他不可能會有以後了，一輩子都不可能了。」

你太喜歡他了，所以他就算是個壞人，在你心裡也可以被你描繪成一個好人，別人勸你離開，你卻生氣地說是你們不懂他。他不需要騙你，因為你會自己騙自己，多扯的藉口都相信，然後每天才在那邊抱怨世界上沒有人懂你。

他不喜歡你又如何，很偉大嗎？世界上愛而不得的例子那麼多，你只是渺小的其中一個。比你慘的多的是，他們都可以撐過來你卻不行，不要把自己當成最悲慘的主角，原來比起走出傷痛迎向陽光，你更喜歡騙著自己過日子。

喜歡一個人可以，但別愛到沒有自己。

他讓你難受那麼多次，你還是幫他說話；

他都對你開了一槍，你還說只是走火。

為什麼這樣？不就是因為你喜歡他。

果然，

被愛的人，是不需要道歉的。

分手的原因

小時候看了童話故事，
結尾都是過著幸福快樂的日子，
讓我覺得幸福是一件必然的事，
兩個人互許終生後，
最後一定會抵達幸福的終點。

慢慢地，時間流逝我也長大了，發現其實愛情並沒有那麼地夢幻，新聞上充斥著各種感情事件，他們很少報導誰誰誰過著幸福的日子，反而那些劈腿、情殺、離婚的新聞填滿了版面，原來愛情可以溫暖，也可以很冰冷。

我以為兩個人走到分手，至少要有一件重要的事情，像是其中一個人要去國外了，可能不會再回來了，所以你們被迫分手，雖然沒有一個好結局，但是你們和平地說再見。你們分手的原因是基於讓對方更好，感謝你來過，打從心底為對方祝福。

突然有個人闖進來你們倆平凡的生活，七彩甜美的感情突然變得綠綠的，一次一次地說服自己想太多，但當真實擺在眼前卻不知所措。感情裡沒有第三者，不被愛的才是第三者，多少人是因為對方的不忠分手的，但我相信愛是守恆的，你今天丟下了我，你有天也一定會被別人給丟下。

有一個人因為車禍而失明，所以他從不知道女友長什麼樣。那年，女孩得了胃癌，臨終前他將眼角膜移植給了他，他恢復光明後的第一件事就是找女友的照片，然而他只找到他留下的一封信，信裡有一張空白照片，照片上寫有一句話：「別再想我長什麼樣，下一個你愛上的人，就是我的模樣。」

疾病是很恐怖的，他不知道什麼時候會發生，有些人會為了不耽誤對方而選擇離開，這也是打從心底希望對方好，不希望他為了自己浪費寶貴的青春。不是我不好，是他值得更好的。

但到最後我才發現，原來上述原因都不需要，其實不安、很忙、我累了、膩了，就可以是你們分開的原因。多少人長跑的愛情輸給了感覺，輸給了新鮮感，喜新厭舊是人的本性，想要更好的，卻總是忘了你背後的。

一個人要走的時候不要問理由，你能想到的都是理由。有人感情長跑幾十年還是一樣堅固，可以堅固到每天吵架還是很愛對方；有人的感情才剛開始就動搖，不安到吵個架就要提分手。

以前我認為感情就是喜歡、在一起、結婚、生小孩，到最後一起老去，長大才知道那只是書上的愛情。現實的愛情有太多阻礙跟可笑的地方，原來一個人要走的時候你攔不住，只能看著他的背影消失在路的盡頭，留你一個人在原點難過。

他曾給予你的諾言跟愛，在你們分開時就像是針刺在你的心上，他當時說得那麼真，那麼有希望，但離開時又是那麼地堅定，那麼地無情。

原來一個人真的要分開，是不管你接不接受的。希望你們決定愛一個人時都可以好好地愛他，我知道新鮮感很誘人，但你別忘了是誰陪你到現在的，是誰一直守護著你，即便你讓他失望了好幾次。

希望你們都可以抓住最棒的愛情，

也不要被說對不起，你們都應該被對得起。

心甘情願

你曾經為一個人奮不顧身嗎？
你曾經愛一個人，比愛自己還多嗎？

感情這條路上跌跌撞撞，我們都想把握住對自己重要的人，我們不是天使，我們沒有翅膀，可卻還是想當別人的太陽。心甘情願地低頭，沒有什麼特別的原因，只是因為眼前這個人對我們來說很重要。

曾經，我也是一個傻子，我會為了我喜歡的人改變習慣，我明明就喜歡早點睡，卻裝作了習慣熬夜；我明明不擅長某些東西，但我為了和你有些話題，我決定去試看看。

那些討厭的東西我都強迫自己喜歡，總覺得喜歡一個人就是要對他百分之百地好，把那些不情願的都變成心甘情願，把那些抱怨的話變成樂觀的行動，怕要是稍稍對你不好，就會有人替代我，你會覺得那些人更愛你。結果那些我自以為的好，卻是我失敗的理由，我給你的好，太多了。

當你違背自己、為難自己的時候，還是心甘情願嗎？心中有千萬個不願意，卻不會拒絕，讓自己卑微到一個極致，別人的話決定了你一天的心情，像是沒有情緒管理一般被外界左右，總是默默地受傷，默默地承受。

「心甘情願這一個詞，可以有多卑微，就可以有多勇敢。」

的確，愛一個人是要對他好，但是你也不能只看見他而忘了自己。你給了對方太多，對方一眼就看穿你，你心中未填滿的空白，可能就是別人欺負你的理由。有時候保持一點神祕感，也為自己騰出一些喘息的空間，你可以讓自己在這段關係處於劣勢，但那是以愛為出發點的劣勢，而不是以討好為出發點的卑微。

前方在哪裡？未來在哪裡？這是我第幾段戀愛？每一個關係的前方都是一

層霧，你可能今天很好，明天就吵架分開；你可以今天吵很兇，明天因為一句道歉就和好。遇到一段關係很幸運，可是要走下去卻需要很大的勇氣。

有時候愛情是一個結果論的東西，你今天跟誰結婚了，才是別人會在意的，他們對你過程中有多暖、有多棒一點興趣都沒有，就像老闆只會看你最後的結果，不在乎你的過程一樣。你可能努力長跑了十年卻還是分開了，到頭來只是一場空，你曾以為你有了所有，結果最後什麼都沒有，你被辜負了，那如果下次還有機會，你還會勇敢嗎？

張愛玲說過一句話：

「遇見你我變得很低很低，一直低到塵埃裡去，但我的心是歡喜的，並且在那裡開出一朵花來。」

我愛你，我可以把身段放低，越愛越低，低到像個塵埃；處處讓著你，雖然有時候辛苦，可是我心裡卻是開花的，因為我心甘情願。

你說這是傻還是勇敢，你說不定只是一個工具人，也說不定他會珍惜你的好，沒有必然，只看你怎麼想。

「我可以卑微到哭著求你、跪著拜託你不要走，像隻害怕被丟下的小狗。

「我也可以勇敢到明天就在你生命中消失。」

敷衍的你

世界上所有的喜歡都是藏不住的。

你的眼神或行為早就說明了一切，喜歡的感覺就是壓抑不住呀！恨不得把我今天發生的所有事情，巷口的狗今天打了兩聲哈欠全部告訴你，可是這次，我不想再分享給你了。

每天期待的除了下課鐘跟下班，就是晚上跟你聊天的時光，那不像是聊天，反而像是在打一天的分數：被老闆罵，心情扣十分；被同學稱讚，心情加十分；晚上跟你聊天，加一百分。每次跟你聊天完，都覺得今天會有好夢，枕頭都散發出甜甜的味道。

我不知道是不是我的熱情嚇到了你，你的回應漸漸變得不走心，是習慣了？還是膩了？你回了一個嗯，我還努力想接下來的話題，可我回了一個嗯，就沒有然後了，我想這就是愛與被愛的差別吧。

我每天都有不同的情緒，不管是好的壞的我都想和你分享，可你的敷衍讓我猶豫了。你的敷衍讓我感覺打擾了你的生活，也許你很煩只是怕傷害我所以沒有說，可是有時你直接一槍打死我，比我胡思亂想好上無數倍。

以前見到面會害羞地說不出話，在手機上反而滔滔不絕；可是現在見到面像是擦肩的陌生人，而聊天頁面又有多久沒有打開來了。本來以為只是普通朋友，可當我開始期待你的訊息的時候，我就知道完了。

我可以接下你所有突如其來的情緒，我可以放下手上的所有事情，就為了幫你分擔痛苦，我願意為受傷的你撐傘，可是我受傷了，誰來替我撐傘？

你的心像海邊的沙一樣，我努力在你心上刻下我專屬的記號，可是你的敷衍像潮水般帶走我的努力，一次又一次，徒勞無功。

「欸……我告訴你喔，我今天……」

「嗯，哇，真的喔，天啊，很好呀，真棒……」

我也想接下去呀，可是我要接什麼？

我們怎麼走到現在這樣的。

我沒有難過，只是有點羨慕以後陪著你的人

**你羨慕我一身瀟灑，無牽又無掛。
可是我也羨慕你，
有他，有等你回家的人。**

失去了，你問我，我難過嗎？

你覺得我一身瀟灑，毫不在乎。沒有，我難過到快死了，但沒辦法，就算再難過，失去的還是失去了，只能希望下一個人好好善待你，畢竟那是我的青春。但願他把懵懂給了我，可以用成熟面對下一個人，我把他交給了你，請好好愛惜，因為他是我留不下的幸運。

我沒有很難過，因為難過是分開後，但是分開前，我開心過。不管分開後的難過有多

深刻，但和你在一起的時光也是真的。你會在未來遇到對你來說對的人，也會有一段跟他創造的回憶。

我不奢望你會在未來想到與我的時光，但只求你如果偶然想起我，是泛起一抹微笑，而非一滴眼淚。我不難過，因為我開心過；我不嫉妒，我只羨慕那個以後陪著你的人。他看了你穿婚紗的樣子，那是我最初的夢想，他接下了你的眼淚，他看見了你的微笑，他牽著你的手去遨遊，他真的太幸運了。

你知道嗎？阿姨以前非常喜歡你爸爸。

溫柔有限度，失望是把尺

我沒有變，我還是我，
只是我也是人，我也會累。

我對你很好，我對你很有耐心，全部都是因為喜歡你，如果你對我來說一點都不重要，我怎麼會對你這麼好呢？

可是你忘了我也是人，我也會痛，你的不在乎，你的習以為常，你的理所當然，總是一次次傷害著我。因為喜歡，所以願意，但你可不可以稍稍注意一下，稍微珍惜我的好。一下子忽冷忽熱，一顆心也是會感冒的。

我不是不喜歡你了，是我不想再被糟蹋了，你依然是我希望的愛情，只是我累了。有天你會發現我不再在乎你了，希望你不要見怪，也不要覺得我變了，我沒變，變的是你，你習慣了我的好，變得覺得理所當然。

等我失望夠了，我還是會離開的，

我不是超人，我也會哭，我也會痛，我也會難過。

我的溫柔、我的好還是沒有變，始終如一，只是不是再對你。我會去尋找那個珍惜我的溫柔的人，我不要求回報，因為那遲早會變成恨。我愛你多少，你就愛我多少，兩顆心互相靠攏，而不是我捧著我的好給你，你卻不屑一顧地看著我。

「溫柔有限度，失望是把尺。」

你還相信愛情嗎？

有人常常問我：
「被愛情傷了那麼多次，
我還要相信它嗎？」

我最喜歡張愛玲說過這句話：

「生在這世上，沒有一樣愛情不是千瘡百孔的。」

是呀，愛情的阻礙太多了，小時候看了童話以為愛情很簡單，最後一定都是好結局，努力演著自己的劇本，卻發現原來沒那麼容易。愛情有太多要考慮的東西，有甜蜜也會有傷害，多少人為了愛情為難了自己，多少人因為愛情跌出傷口，紅色的心很美，可那顆紅色的心可能是你扎自己換來的。

你會遇到對的人，請記住錯過的都不是對的人。愛情可以讓你多開心，就可以讓你多難過，沒有人的愛情之路順遂，愛情有起伏很正常。我們都有過不甘心的愛情，我也有過，你問我難過嗎？難過啊，怎麼不難過，可是難過又能怎麼樣？錯過了還是錯過了。

我們不是錯了，而是過了。

現在的你不願相信愛情，但是有一天一定會有個人讓你重拾對愛情的美好感覺，希望當你遇到那個人的時候，可以好好珍惜。

告白失敗很痛苦，

沒在一起也很痛苦，

分手了也很痛苦，

愛情是內傷，你看不到外在的傷口，但對於負傷的我們，真正的痛，是切身的。

人人都期待愛情，都希望可以在對的時間，遇到對的人，都希望這個人就是我的永遠，誰在交往前沒有這種想法呢？如果你成功地跟他走到最後，恭喜你，你很幸運；如果你失敗了，沒事的，他不是對的人。總是在期待跟幻滅之間徘徊的我們，被傷害的同時，卻也還是願意相信愛情。

原來分離是常態，每遇到一個新的人，我都已經想好怎麼跟他度過餘生，卻也已經做好明天就失去他的準備。

愛情讓我失望太多次了，我還是會選擇相信，可我不會那麼期待了。

不敢再那麼喜歡你了

有時候覺得，
人類是個多愁善感又卑微的動物，
明明前天才說不理你了，
隔天看到你的早安，
又把前天的決心擊碎，
又跟前天的自己妥協。

是呀，每個人都有每個人自己的事情，的確不可能二十四小時陪著別人，況且，我也不是你的誰。每次你沒有回覆的時候，我都覺得你在打一篇很長的故事，我這樣安慰著自己，即便那只是自己騙自己。

想認識一個人，甚至是想追一個人的時候，總是當了熱情的一方，希望自己的溫柔有天能融化你的內心，但你總是忽冷又忽熱。可是忽冷忽熱，身體會感冒，心也會。也許我真的是沒人陪你時才會想起的代替品，沒有人陪你的時候你才會找我。

在我這，沒有人可以是你；

但在你那，任何人都可以是我。

一直都覺得敷衍是一件很難過的事，我寧可你跟我說你真正的想法，你要忙可以，要靜一靜可以，說一聲，而不是用敷衍的話。也許有天愛你的感覺被消磨完了，就回不去原本的我了。

因為很喜歡你，所以才願意找你，得到了你的敷衍，還是願意主動。想跟你分享大大小小的事情，想跟你說早安、午安、晚安，即便你的回應那麼地不走心，但只要可以跟你說到話，我難堪一點也可以，反正我的難堪也只有我知道。

有時候覺得自己為什麼喜歡得那麼卑微，為什麼我沒有因為喜歡你而感受到一點正能量。我羨慕的愛情不是這樣熱臉貼冷屁股，我羨慕的愛情是可以一起變好的那種，你的一句話應該是讓我更好的動力，而不是我自我欺騙的藉口。

但我又沒有勇氣離開你，每次想忘記你，下定決心不再回覆你的時候，我們又好像有心電感應一般，你又會出現，然後我又對自己妥協了。我會覺得你還是在乎我，我還是在你心裡，但我不知道那究竟是你習慣了有人愛你，還是真的在乎我。

我只知道我又輸了。

愛你跟不愛你是個不可逆的反應，我愛你便會越來越愛你，我不愛你也會越來越不愛你。有天我覺得自己好像被消耗完了，我都不知道我是誰了，每天被你的一個回覆、一個貼圖左右心情，那不是我要的感情，我的生活被你打亂，像是來到陌生環境的人一樣手足無措。嗯，我累了。

我漸漸地不再那麼主動，我把我的早安午安晚安留給了真正珍惜我的人，而不是你。我變得愛笑，我變得樂觀，即使他不是我喜歡的人，但我第一次知道原來自己的主動也可以被珍惜。

「欸，最近還好嗎？」

很諷刺吧，以前總是我等著你的訊息，現在偶爾會收到你的訊息，說起來真好笑，是不是沒人找你了，你才會想起我？是不是你覺得你該珍惜我了，才來密我？但抱歉，你明明當時就可以珍惜，而不是失去後才來挽回，現在的我更懂得愛自己，我不再是那個會因為你而改變一天心情的人了。

看到你，還是會在心海中濺起一波漣漪，但那僅止於蜻蜓點水的感受。我依然很喜歡你，我對你的感情沒有變過，你依然是我最初的夢想，但當初那顆因為你而濺起海浪的大石頭已經沉到了海裡。

「我依然喜歡你，只是不那麼喜歡了。」

這題其實我會做，那人我曾喜歡過

常常在洗澡或是夜深人靜的時候，想到以前的自己。

令人懷念的時期非常多，有人懷念以前念書的時候，有人懷念當兵的時候，有人懷念第一段感情。那些過往有哭有笑，有眼淚也有遺憾。

考前信誓旦旦我會得高分，在腦中都已經想好要怎麼慶祝，期望越高，失望的時候就越難過。發下考卷的瞬間，本來有把握的題目卻被畫上一個大叉叉，如果是不會算而錯還好，最難受的是明明會卻因為粗心而錯。

小考還好，就怕是大

考，可能因為這一題，你跟心中的第一志願就這樣擦肩，因為一時的粗心讓自己之前的努力付之東流。花了好多的時間才自以為放下，但當孤單一人時回想起這件事，依然會因為這個遺憾而讓心情低落，常常會想如果沒有這個遺憾，自己是不是有更多追夢的機會。

在路上看到了以前的同學，不知道是不是因為時間的關係，以前你們很好現在卻不再聯繫；看到以前的情人，不知道你們是和平分手還是感情破裂而分，你覺得你已經放下他了，但聽到他的消息卻還是不經意的湊過去一點。可能是想知道他過得怎樣，也可能只是因為好奇，但當你想起他時應該也會有一點點遺憾吧。

「其實我以前喜歡過他。」

分分合合是常有的事情，你們因為覺得對方有意思而走在一起，一起經歷了甜蜜，也一起經歷了苦難，一起讀書一起玩，甜蜜的回憶在回想起來時卻也那麼地苦澀。

大吵小吵你們都熬過來了，大家都覺得你們會走到最後，你也已經想好你們的未來，但最後你們卻還是分開了。即使現在你已經有了新的伴侶，甚至老婆小孩，但這個遺憾像是刺青一樣印在你的心上。你不再流淚，你不再難過，講起這件事平平淡淡輕描淡寫，但他依然是你心中永遠的遺憾。

未來嫁給你的人真的太幸運了！

我一定要摸摸他的白紗告訴他，這是我從年輕時開始的夢想。

不是不喜歡了，是別問

**你會慢慢長大，
你會漸漸明白，
不能跟喜歡的人在一起，
是一件很常見的事情。**

分離是個常態，你我都不是例外，想抓住路過我的每個人，他們就像是一陣風，有人化作暖風溫柔了你，有人化作寒風讓你著涼。你想抓住他卻發現撲了個空，轉頭回去他已消失無蹤。

有些人其實你已經見了最後一面，只是你不知道而已，你還天真地以為還有機會重逢。人潮洶湧，遇見你不容易，感謝你曾經來過，朋友也好，情人也罷。

在最沒有能力的時候遇到了想保護一生的人，你在人海裡遇見他，卻因為時間的殘酷又把他還給人海。人的出場順序很重要，陪你喝酒的人註定沒辦法送你回家，周杰倫把青澀給了蔡依林，成長給了侯佩岑，承諾給了昆凌，有時候不是沒有緣分，而是你們生錯了時間。

時間很溫柔，可以沖淡一切的難過；時間很殘酷，殘酷到你們剛開始就結束。

看到對方的新歡，表面上豁然開朗地祝福，卻會在心裡偷偷比較，我明明比他好，我明明比他優秀，為什麼不是我。分開後走不出來的原因很多不是因為放不下，而是因為不甘心。才沒有什麼事是放不下的，多嚴重的事情不都是慢慢接受，然後在一個無人的夜晚嘆口氣就放下來。

大家都會說愛情給他們多大的傷害，卻閉口不提愛情也給了他們多少的甜蜜。在一起時什麼都好，每天放閃，整天被粉紅泡泡圍繞，覺得自己是最幸福的人；分開後開始說什麼不相信愛情，不要再愛了，把自己塑造成悲劇女主角，永遠只記得對方給了你多少難過，卻不說他也給了你多少的快樂。

我還是很喜歡你，但我又無能為力，忍住了多少次想找你的衝動，但又怕那會是對你的打擾。不敢鼓起勇氣是因為想留給自己一點自尊，很抱歉沒有長成你喜歡的樣子，沒本事把你留下是我的問題。

不知道過了多久，漸漸地連你的長相都忘記了，打開隱藏好久的相簿找你的身影，看了看相片裡那個愛笑的你。嗯，我當時果然沒有看錯人。

輸入法把你名字後面的晚安變成了再見，

常去的那家店倒了開了新的店，

新的環境遇見了新的異性，

全世界都在幫你走出來，你還有什麼理由沉淪？

現在的我還是會想起你，但不會想你。你仍然是我曾經的夢想，但也會是我永遠的遺憾。

有人問我：「你還喜歡他嗎？」

我笑著搖搖頭：

「不是不喜歡了，是別問。」

沒有他，
我會過得更好。

失望是一天天的累積，
離開是很長的決定。

時間一分一秒地流逝，我們一天天地長大，身邊來去了不少人，有人選擇留下，有人選擇了離開。

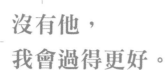

留下的人，謝謝你們看到了我的不完美，依然陪著我；離開的人，也謝謝你們的出現，讓我的人生有一小段與你的篇章。我不知道你們的離去或留下是對是錯，我只知道如果沒有你們，我的人生不會那麼精彩。

離開的原因有很多，曾經說好要當一輩子好兄弟、好姐妹的人，可能經過了一次分班，一次爭執，就回不去我們最要好的時候，在哪次說了再見後就真的不見了。本來要好的朋友，絕對不會說要走就走，其實他們都徬徨過、猶豫過、掙扎不捨過，從前的回憶，一起哭笑出去玩，一生只有一次的青春，哪有可能說走就走。

感情也是一樣，沒有人會突然離開你，一定是因為失望慢慢地累積。每失望一次，就少做一件愛你的事，因為我不知道我的好對你來說是不是打擾。分手了很痛苦，但說分手的也很痛苦，其實不是放不下，只是覺得有點遺憾。經歷了那麼多，以為這就是我要的愛情，這個愛情是我找到的，現在也是我親手斬斷的，那麼多的故事，說離開就真的離開了。

離開的理由不論多荒唐，但在做出離開這個決定的時候，我們都覺得：

「沒有他，我會過得更好。」

朋友也好、情人也好，他們都應該是讓你變得更好的存在，如果你覺得沒有他，你會過得更好，我想那也是時候離開了。

慢慢習慣了一個人的生活，想去哪就去哪，想吃什麼就吃什麼，我就是自己的主人，我要去夜店瘋、要去唱歌唱到嗨，都是自己的事情，這就是我要的生活，無拘無束。

都曾有過一個想法：「我還是比較適合單身。」

可是一個人久了偶爾還是會羨慕路上的情侶，

牽手、約會、親吻。

每次都會想起戀愛的感覺，卻又發現自己早已忘了自己要的愛情是什麼樣子。

我開始漸漸喜歡一個人的感覺，

卻也漸漸忘了喜歡一個人的感覺。

我沒有笑，只是眼睛進了沙

提起你，
是我想你的方式

努力告訴自己不要想你，
但思念總是喜歡衝進我的腦袋。

其實沒有什麼是真的忘記，只是故意不記起來而已，那些好像豁達的過往，其實都被你藏在內心的深處。

每個人心中都有深層的想念，不願想起的思念，它不會消失，它只會一直在那裡。也許在哪個不經意的時候，你聽到了一首歌、一句話，看到了一條路，看到了很像他的人，一瞬間你的感覺全部上來了，天真地以為自己忘了，才發現原來還記得清清楚楚。

有時候很希望有消除記憶的魔法，消除那些我不願想起的過去，重新製造一次人生，一切從頭開始。這一次，我會選擇繞路而不碰上你。

記憶不可能說消失就消失，每當我想你，拿起手機，看到你的資訊，我不敢按下傳送，因為我沒有權利、沒有資格，更沒有身分。思念的潮水湧起的時候，只會變成眼淚從眼中流出來，別人問起就說是風大眼睛進沙。

我常常跟別人提到你，不是我已經走出來了，不是我已經釋懷了，我還是一樣很想你。

沒資格的我談起你，是我唯一可以正大光明地講出你的名字的時候。你的名字是我不願提起的過去，可又會在想你的時候故意提到你，講到以前的我們，我笑得眼淚流出來。

可是，其實我自己也不知道，那是快樂的淚水，還是想念的淚水。

照片裡的陌生人
笑起來好像你

分開後最難收拾的都是曾經的回憶

我有一段時間不敢打開手機相簿，打開手機的相簿，就好像我們已經分開的事實又給了我一巴掌，不只是你的照片，我看到可愛的東西，你喜歡的東西，截圖給你看的曾經，都藏在我的手機裡。

故事的開頭總是猝不及防，從剛開始生澀地聊天，到比較熟悉後朋友間的稱呼，到曖昧期給你取的小綽號，到最後在一起的暱稱，平淡的日子裡出現了他，變得不太一樣。好多好多的故事都在手機的相簿裡，我一張一張地刪除，把我們一起拼起來的回憶一層一層地拆掉。

認識的時候，從沒想過會跟你走到一起，只知道那時候的你很有魅力，笑起來很漂亮。等到回過神來，才發現生活裡處處都是你的身影。

你不愛拍照，每次都是我拉著你，你才心不甘情不願地露出笑容來拍照。奇怪，你笑起來這麼好看，為什麼不愛照相？

你心情不好的時候，我會上網找可愛的東西哄哄你；你晚上跟我說肚子好餓的時候，我會故意找好吃的食物鬧你；你會傳好多漂亮地方的照片，我們約好等我們長大要一起去。

吵架了，冷戰了，我們的問候從以前的秒讀秒回，變成了早安晚安，我受不了冷戰，我道了歉，說我不會再犯，你告訴我你已經截圖，要我說到做到。

「這些年你發了無數張自拍，每一張都很漂亮，但我只留著三年前你還不懂得怎麼擺姿勢時候照的那一張，因為照片裡的那個你，那時候還很愛我。」

——〈網易雲音樂熱評〉

沉澱了好久，我以為自己放下了。

我鼓起勇氣再次打開那個好多回憶的相簿，我把所有關於你的回憶都看了一遍，好笑的回憶變成了最痛的傷口，難過的回憶變成了安慰自己的藉口，唯一不變的是我眼睛依然留著眼淚。

我看完後把照片都刪除了，我告訴自己一定要過得更好，我要證明沒有他我依然過得很好。

但是，你刪掉了照片，卻刪不了回憶。

過了好久，我對你已沒有愛，也沒有恨。感謝你在那個時間出現，讓我有了一個可以好好愛的人，感謝你的出現，也感謝你的離開。也許你至始至終都不會是對的人，你的出現也只是為了教會我一些事情。

謝謝，

再見。

這天在抽屜深處找到一張好舊好舊的照片，

裡面那個陌生人，

笑起來，好像你。

我們適合當
有很多回憶的陌生人

你有沒有這種經驗，
你在路上看到一個熟悉的背影，
心跳的節奏突然就亂跳了幾拍。

近看後，才發現原來只是陌生人，可是你的那一整天，全部都是曾經的回憶。你在人生道路上遇到的每個人，都有他出現的意義，有人為了幫你上一課、有人為了要陪你走過一段路程、有人注定陪你走到最後，每個人都有他在你人生的定位。

合得來的，我們當朋友，你是所有朋友裡面跟我最合的，我們當好麻吉。我難過的時候你總是陪著我，你是我的好閨蜜。

世界上的人形形色色，你

會遇到跟你很合的人，也會遇到很不合的人，每個人都有自己的節奏。可能他的出現是為了調整你，讓你成為更好的人，達到了這個目的後，他就在你的生活中完全消失；可能他的出現就是為了教會你，什麼叫心痛，原來世界不是只有甜，痛也會伴隨；可能他的出現是為了讓你知道這個冷冰冰的世界還有一絲絲溫暖，出社會後遇到了好同事、貴人，給了你人生很多的建言，原來世界還是有愛。

你們曾經有多好，翻臉起來就鬧得多決裂，說過的承諾是你們吵架的籌碼，在一起的時候什麼都好，分開後又什麼都不爽。甜言蜜語變成了傷人的利刃，溫柔不見了，取而代之的是厭惡的臉與無所謂的態度。

最後你們還是分開了，從陌生人回到陌生人，從此不再相見，餘生別來指教，在路上遇到不會打招呼。以前三句不離對方，現在別人問起，你只會平淡地說：「是喔，我跟他不太熟。」

我跟他當了最好的朋友，

我跟他當了最好的閨蜜。

至於我跟你，

當了充滿回憶的陌生人。

放不下是什麼感覺

每當有人問我怎麼放下，
我總是開玩笑地說：
「你就把它一直舉著，
等你手酸了，你自然就會放下了。」

其實任何事情都是這樣，你一開始會很堅持，但久了、累了，你就會放下了。感情也是，友情也是。

我知道對於一個遇到感情問題的人來說，別人講什麼「放下啦」「下一個更好啦」「你值得更好的啦」，對他們來說就像你跟他們說「肚子餓就吃飯，渴了就喝水，沒地方住就買房子」這類的廢話。我相信他們比任何人都想放下，也相信他們想找回自己失去的笑容，但真的沒有那麼容易，總會不經意地去想到回憶，想著有天他會出現。

我自己也失戀過，說真的，我對自己失戀的過程已經沒有什麼印象，只知道每天睡不好，吃不太下，看到什麼都想到他，每天不是渾渾噩噩就是混混餓餓。

我認為放下是一種說服自己的過程，很多人放不下都是因為還保留一絲希望，他們騙著自己：「他會回來的。」但自己其實比誰都清楚，他根本不可能回來了。不肯放手的原因除了是對那段感情的眷戀，我猜更多的是不甘心吧。

沒想過要怎樣，只是不想就這樣。

放不下怎麼辦？

每個人都有不同的答案。有人用工作忙到讓自己沒有心思想你，有人用運動讓自己累死，有人用跟朋友出去玩忘記失戀的難過，每種答案的絕對，就是當事人都知道這段感情已經到這裡了。

那你呢？

每天沒事，朋友找你出去希望幫你分攤難過，你說「今天沒心情，抱歉」，把自己關在家裡，手賤滑著聊天紀錄，週而復始，然後抱怨著自己放不下。提得起就要放得下，放不下就用摔的，你不對自己殘忍你要怎麼放下？你一直騙自己，那請問你要怎麼走出來？你想要開心，那你也得先打開心，別人給你關心，你卻關了心請他們回去，那你怎麼會好。

我知道失戀後的療傷期真的很痛苦，但如果你不找回你曾經的笑容，是無法找到新的生活。

「放不下是什麼感覺？」

「我怕黑，但偏偏他是燈。」

「那你有沒有想過？拉開窗簾，你會看到陽光。」

你忘了，
但輸入法記得

打訊息時覺得輸入法是非常棒的東西，
一段話我只需要打出幾個注音，
幾個拼音就可以了，
只是有時候又會勾起我以為我忘掉的過去。

從三個字的連名帶姓，到兩個字的名字，再到最後只有你我知道的暱稱，打字的同時享受著甜蜜，而輸入法也替我們高興，開心地記著那些關於我們的祕密。

在一起時，看到輸入法忘記對方的名字，會偷偷地一直重複打出他的名字，想讓手機記起來；可是分開時，卻恨不得把輸入法重新安裝，希望洗掉關於你的曾經。總以為忘了，可是習慣卻還在那。

也不知道過了多久，你在我的生活中已經沒有一絲絲風景，但我還是會在輸入法上面看到你的身影。我以為我已經忘了你，卻發現輸入法替我記得。輸入過的曾經浮現在眼前，是安慰你別哭了，還是吵架的責罵，冷戰時敷衍的貼圖，輸入法見證了我們的開始到結束。一瞬間感覺上來了，看著手機留下兩行眼淚，盯著螢幕不發一語，大家都說科技是冰冷的，可滑落的淚珠卻是那麼地溫暖。也許我流下的不是溫暖，而是我們這段關係最後的餘溫。

你以為你已經完全放下他了，卻發現自己其實還是握著他留下的一根細線，原來他的身影一直藏在我的周圍，大到一個曾經有他的城市，小到打字用的輸入法。我們一起寫下的故事進入了尾聲，可我的世界早就上滿你的顏色，不起眼的角落都有回憶，你像是一陣風，溫暖卻也有點心酸的風。

我們都知道，放下真的沒有那麼容易，還是會在某個時刻想到他，然後心酸了一下，像是小學看到十塊錢的棒棒糖，可手裡只有九元的那種心酸。最難過的不是不曾擁有，而是差一點就可以。

你以為你放下了？

見一面試試。

真的真的很喜歡

人生的必修學分之一是愛情，
有人已經畢業了，有人還在重修，
有人還在為選不到學分而苦惱。

每個人都在人生課表中尋找自己的愛情，人生路上分分合合的愛情太多了，可能是因為一句話、一個行為，最後導致你們分開。分開很難過，也很不甘心，不甘心就這樣從我們變成我跟你，不過後來想想，好像又只能這樣了，也許這就是我們這齣戲最好的華麗謝幕，只是我們是齣快樂一點的悲劇。

偶爾還是會想到他，那個我故意埋藏在記憶深處的他，以前你是我的軟肋，也是我的盔甲；現在你依然是我的軟肋，卻不再是我的盔甲。

當時我很喜歡很喜歡你，那一定是真的。拒絕了所有的曖昧和不穩定，我眼裡只有你，為了想跟你考上更好的學校，努力追著你的背影，那也是真的。

看著你的時候眼睛閃閃發光，像貪財的人看到耀眼的鑽石一樣。「應該就他了，我的最後一任」，大家都希望有個童話故事般的愛情，在外面玩夠的我，為了你收起大刺刺的個性，我可能不能給你什麼，但我至少希望可以為了你改變一點點，而那時要改變的決心，也是真的。

吵架時的道歉和眼淚，不是我心軟，而是我不想因為一次的衝突造成補不起來的裂痕。如果我的道歉可以修復我們，那我選擇道歉，因為比起尊嚴，我更珍惜你。那時候哭哭啼啼的眼淚也是真的，我真的不想失去你。

「欸，我以後帶你去看極光。」

「好啊，說好囉！」

那時候的我們沒錢，沒有時間，明明是很久後的未來，在承諾中卻好像觸手可及。每天在電話裡談論著天馬行空的故事，幻想著有一天美夢會成真，要去哪，吃什麼，要買個有漂亮陽台的房子，養一隻可愛的貓。那時候，想跟你一起去的未來也是真的。

現在想起來，這段感情還是會因為你當時的無厘頭會心一笑，現在的我過上了沒有你的生活，慢慢在人生道路上找到療傷的藥。即便偶爾會想起，但終究只是想起，想起那個時候認真的我，跟低頭臉紅那個好可愛的你。

你現在旁邊的人不知道是誰呢？

你有沒有開心呢？

如果你偶爾想起我來，

希望你依然記得我當時很喜歡你，

真的真的很喜歡。

以後見面別躲了，不然不像普通朋友

「希望我們以後還是很好的朋友，
謝謝你，然後對不起。」

要是真的沒有走到一起，誰又甘心只做普通朋友呢？我們不像牛郎織女一樣隔著遙遠的銀河，但你在我面前我卻不能抱住你，說出我真的好想你。你離我好近，卻又離我好遠好遠。

我們從陌生人，變成了戀人，最後又變成了朋友，我很慶幸我們不是撕破臉的那種分開，而是我還能遠遠地看著你的那種分開。但我們都心知肚明不可能再前進了，這就是我們最好的關係——最好的普通朋友。

互不相識的兩個人，在那麼大的世界裡，幾百個國家，幾萬個城市，在這個地方，那個瞬間遇到了彼此，那是可以被稱之為奇蹟的緣分。有時候覺得老天爺很愛作弄人，明明沒辦法走到最後，卻硬要讓兩個人相遇。認識時的羞澀害羞，到熱戀期的甜蜜稱呼，吵架時的冷戰，和好時的溫暖擁抱，再到最後形同陌路的不回頭，我們的感情像是演給老天爺看的飯後消遣。

「希望我們之後還是朋友。」

平淡的幾個字卻比微積分還難，我要怎麼抹去自己曾經喜歡過你的記憶？那種進一步沒資格，退一步捨不得的感覺有多難受，我想再用一個戀人的身分叫你早點休息，最後卻變成連晚安訊息都發不出的陌生人。忘了，就能痊癒嗎？有時候你不是忘了，你只是假裝忘了，我還是會不經意想起你，不是過去的美好，也不是曾經的眼淚，只是在某些時刻，還是會希望你還在。漸漸地我選擇迴避你，不是不想你，不是不想做朋友，只是我沒有勇氣丟掉過去重新認識你。

好幾次想過，要是人跟人的關係可以像機器一樣恢復原廠設定就好了，我想用更好的方式認識你，不再以戀愛開頭，普通朋友結尾；我想以陌生人開頭，朋友直到永遠，反正我從未擁有過，那我也不可能失去。

世界上總有些愛情的遺憾，我不怕遇到那些遺憾，我只怕那些遺憾跟你有關。

每個不願意再愛的人都有不願掀起的傷疤，我們只是塗了遮瑕膏後繼續笑臉迎人，那是個坎，我自己都差點摔死的坎。

回憶跑馬燈在腦中迴轉，每個故事片段都在我腦中上演，第一次見面，第一次牽手，第一次看到你哭，好多好多的第一次在我腦中無數次地迴盪。

看了一下手錶，嗯，時間不早了，該出門了。出門前我看了一下鏡子：

「欸，等等別再躲了。

「不然不像普通朋友。」

大家都去談戀愛了，就你還在等前任

我們聽過無數個道理，卻終究過不好這一生。

過來人的經驗、父母的建議，聽他們說起來總覺得簡單，等要做的時候又那麼難。我會用些雞湯或溫柔的話安慰一個人，但拿那些話來安慰自己卻沒什麼用。總是告訴別人要正面，不要一直墮落，但當自己一個人獨處時，又會一直往負面的地方想。

大家都去談戀愛了，就你還在等前任。

其實我到現在仍會想，會不會有天收到你的消息，你告訴我還是很想我，明明知道不可能，但不知道為什麼離開你越久，這種想法就越頻繁。我曾堅定地說我不會回頭，但如果今天你拍拍我的肩，你這個回頭草我可能還是會吃。

我也想當一個瀟灑的人，我不明白為什麼別人都不會被感情左右？為什麼總是可以說服自己，而我就是不行。別人都說我很樂觀，但唯獨感情這件事我樂觀不起來，總覺得月老忘記我了，我是不是上輩子做了什麼壞事？

我們常常會笑那些還在等前任的人，因為我們知道不可能，知道他只是浪費時間，但對當事人來說，哪怕是一根羽毛我都不想讓他飄走，不只是對曾經的留戀，更是對自己的憐憫。

想到當時苦苦哀求你不要走的我，總覺得我們的故事還未完待續，我們不可能只到這裡，我哭著求你留下。只是誰都挽留不住一個要走的人，就跟無法叫醒一個裝睡的人一樣，很諷刺吧！因為不愛了，所以我想走了。

自私的愛情，有著自私的離開，自私的挽留。

遇到了好的人，但總是放不下你，傻傻地以為你會回來，無數個夜晚守著手機，我熬的不是夜，是你。告訴自己要早睡，閉上眼睛卻都是那些畫面，一點、兩點、三點，不知不覺早上了，我還是沒有等到你，倒是等到了黑眼圈跟越來越差的身體。覺得自己是一個專情的人，但其實你只是一個傻子。

如果你想要擁抱新的人，請你先學會遺忘，有些人就是注定沒結果，你再怎麼思念都沒有用，也許他早就忘了你，你卻還抓著過去。別人都開始第二段甚至第三段戀情了，就你還在等前任。

他不會回來了，永遠不會，永遠。

很難，但請接受這個事實，沒有誰一定要誰才能活下去。你一直騙自己，你都不想走出來了，誰幫得了你。沒有要你叮一聲就痊癒，是要你不要只看著深淵，也看看天空，看看周遭，看看自己到底還剩下什麼。

你擁抱了你愛的人，比你擁抱風踏實多了。

對著手機哭，對著手機笑，最後也沒能抱一抱

網戀，意思就是網路上的戀愛。

想想自己以前的網戀，大概就是國小在玩線上遊戲，那時候手機不怎麼普及，仍是個上網還要撥號的年代。每天回家把線上遊戲打開，在遊戲裡面找著網公網婆，那應該就是我第一次的網戀吧。

長大了，網路越來越發達，人手一機，我們透過網路可以做很多事情，也包含認識新朋友，臉書、Instagram、推特等等大型的社交軟體，一直到Tinder、探探等等的交友軟體，以前大家都說離開家

裡認識更多新朋友，但現在在家裡也可以。

我談了一場戀愛，

對著手機哭，對著手機笑，

分手了也沒能抱一抱。

網路上面會遇到各種人，但因為正是網路，所以什麼事情都是可以隱藏的，你不知道他真正的個性，你不知道他是裝的還是真的，你唯一認識他的方式，是他的自我介紹跟和聊天時的感覺。

很多人都會因為常常聊天而讓自己的心也被聊走，然後就不知不覺地喜歡上他。你覺得你談了一場戀愛，你因為他的一句話哭得稀裡嘩啦，你因為他的一句話笑得很開心。明明是網路上的人，你對他的態度卻比對身邊的人還好，我們都對陌生人說心裡話，然後身邊的人問時又不說話。

慢慢地生活重心偏向了他，你會因為他不回你而焦慮，你會因為他更新了什麼而想很多，有天他消失了你覺得天都快塌下來了，你想找人訴苦，但大家都勸你網路世界別太認真。

我自己是個喜歡交朋友的人，對我來說網路上再怎麼適合的人，即使我真的真的很喜歡他，但在我的原則裡面我一定要見一面，因為網路裝得出來，但見面後的感覺才是真的。我覺得交網友並沒有什麼不好，我自己也認識很多網友，一起出去玩、吃飯、看電影的也不少，交朋友可以，只是感情的話我覺得真的要好好想想。

不要被網路上的甜言蜜語沖昏了頭，也不要覺得他真的只是愛你的。見面時他可以當著你的面說愛你，但在網路裡，他可以用一百個視窗跟九十九個人說我愛你。你覺得你是唯一，但你其實只是其中之一；當你還在因為他的話而影響到你那天的心情時，他說不定早就已經把你刪除。

甚至到最後，你們的分手也只能用幾個字帶過，連抱一抱都沒有，可笑的是你早就動了情，還在為這段關係的結束而難過。

殊不知他可能只是洗個澡後，
從容地打開另一個視窗：
「可以陪我嗎，我睡不著。」

與其怨你，不如願你。

感情很簡單，
可以簡單到一句話就在一起，
可以簡單到一見鍾情。

感情也很難，可以難到追了好久還是沒有結果，已經感動了自己無數次卻無法感動對方一次。

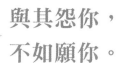

可以很快地喜歡上一個人，他的一個動作，一個眼神，對你來說就是最大的吸引力。輕易愛上的微笑，要花很多時間才能忘掉。有些人之所以單身，不是因為沒對象，也不是因為條件不好，只是他們心中都有個回不來的人。

放下一個人需要多久的時間？其實你問我，我也不知道，有人花了幾個禮拜就忘了，有人卻花了好幾年，有人想你就去找你，有人想你卻只能看夜景。每個感情受傷的人都是在生活中尋找治癒的藥，每個人心中都有一個坎，只有自己能面對的坎，別人幫不了你，能救自己的也只有自己。

那些常常放不下的人，一直在鑽牛角尖，心中有太多太多的不甘心，但又好像無能為力。除了讓你走，好像也只有讓你走了，心中那種無力的感覺，真的只有當事人才了解。

要忘掉一個人說真的不是幾個月就能解決的事情，不只你們，我自己也是常常會在半夜想到他，然後搞得自己很難過，所以我真的知道那種感受，真的很難受。我覺得要放下一個人，就是要告訴自己，要認清一個事實，那就是「他再也不會回來了，你多努力都一樣」，如果你已經為這段關係盡力了，那就這樣吧，至少到最後你沒有後悔。

最後我要送給那些受傷，走不出來的人幾句話：

「我們沒辦法知道誰會跟我走到最後，也都知道最好的結果是結婚，最壞的結果也就分手。世界上人那麼多，真的沒有非誰不可，我知道會很難過，但你不打起精神好起來，你的日子會很難過。好好沉澱自己，感情本來就沒有對錯。」

與其怨你，不如願你。

太久沒見，會慢慢地連想念都沒有。

有些人很久不見，
卻還是能像剛認識時一樣熱絡；
有些人天天見面，卻好像陌生人一般。

我們誰不是帶著遺忘跟記憶走在人生的路上，有一句話是這樣說的：「你錯過的別人才能遇見，正如你遇見的，都是別人錯過的。」在最沒有能力的時候遇到了一生想照顧的人，老天爺真殘酷，明知道我們不會有以後還偏要放在一起。

人一生中平均會遇到二千九百二十萬人，有的人跟你擦肩而過，有的人跟你度過了一段開心的時光，有人的出現是為了給你上一課。我們不可能記得跟留下遇到的每個人，有時候一個人要離開是你無能為力的。每個階段都有適合的朋友圈，當下你們可能很好，但等到那個階段過了，你們的關係也會慢慢淡掉，幾個好的朋友你會保持聯絡，但大多數你都會將他們遺忘在時間裡面。

有一天赫然想起了那個熟悉的名字，卻發現我連他長什麼樣子都記不清楚了。也許是太久沒聯絡了，對你的情感也只停留在你名字的那三個字，和你最後留下的那三個字。

「對不起。」

有人說時間會沖淡一切，但我總感覺他讓我的感覺越來越強烈，也可能我不是忘記，只是故意不想起來而已。在我想不起你長相的時候，我真的慌了，時間真的是最殘酷的殺手，他殺了那個有著你回憶的我，但原來那些我曾以為過不去的，也就這麼過去了。「過去」有天也會過去，請給時間一點時間。

忘記上次見面是多久了，有人說三個月，有人說兩個半月，我笑著說：「是六十五天。」努力逃離有你的地方，在沒有你的地方療傷，時間可能會拯救我，但在它來之前我得先救自己，努力擠出微笑，努力讓自己過得很好，就像你留下的那句「你要過得比我更好」。

太久沒見，會慢慢地，

連想念都沒有。

別傻了！

你看到這篇文章時，

你想到了誰？

三小時、三分鐘、三個月前

和他的聊天紀錄是一百五十七 MB，
今天終於鼓起勇氣把它刪除了，
刪除的不單單是聊天紀錄，
還有曾經的我，跟曾經的我們。

不知道從什麼時候開始，我有了備份聊天紀錄的習慣，明明沒有換手機的問題，卻還是會定時備份聊天紀錄。說得準確一點，是備份跟你的聊天紀錄，它見證了我們從無話不談到無話可談，從陌生到熟識再到陌生的原因，它像是一本為我們而寫的小說，每一個時光都歷歷在目，是那麼甜，但也那麼地痛。

每天晚上都期待著你的訊息，手機震動的時候心也震了一下，看到你的那句「在幹嗎？」我興奮地原地旋轉三百六十度，心中的小鹿都快撞到腦震盪了然後故作冷靜地回了一句：「喔，沒有啊，沒在幹嘛，你呢？」我平淡的幾個字裡面恨不得把我今天遇到什麼人、中午吃了什麼、我好朋友叫什麼、我家的狗又生了小狗等種種全部告訴你。

你一句我一句地聊天，來來回回中忘了時間的存在，等回過神來已經凌晨三點。數學課時間過很慢，但不知道為什麼跟你聊天卻過得那麼快，雖然累但我很開心，我覺得我很幸福，我覺得未來的每一天都會有你的陪伴。

嗯，我以為。

也許是事情多了，也許是新鮮感沒了，不知何時我們的聊天沒有像過去一樣那麼地熱絡，從照三餐的問候到想到才回的敷衍，爭吵都和平解決到吵架冷戰。我不知道我們之間到底發生了什麼事情，我想解決但我找不到原因，只能這樣看著我們的關係慢慢地破碎，我以為我們可以一直走下去，卻還是敗給了時間。

以前聊到凌晨三點，

到每天三小時，

到每天三分鐘。

你的回應總是那麼地不走心，而我也想留點自尊給自己。你覺得我是個超人，我很勇敢很堅強，還會安慰別人，但你忘了超人也是人，他會痛，他也會哭。

我們曾經那麼地好，為什麼現在什麼都不是了？以前再忙都會有個訊息，現在打開聊天紀錄只剩下我們最後一次聊天。「祝你幸福」的那幾個字，時間已是三個月前。原來已經過了三個月了，我已經沒有你三個月了，那種感覺是這麼地奇妙，很難過但我哭不出來，想說點什麼但我不會形容。別人都說我走出來了，但我清楚地知道並沒有。

時間是藥，但對我好像沒用。

一輩子有多長

一輩子有多長？是從說出愛你的那瞬間，
到再也說不出愛你的瞬間，
還是新鮮感過後的敷衍，
還是那句我沒變。

是十年，是一百年？永遠在哪裡，沒有一個標準答案。

我會愛你一輩子就像是一句甜蜜的廢話，好聽，但你想想會發現沒有什麼安全感。那些曾經說沒有你會死的人，他們現在在哪裡？不也是牽著別人的手，然後忘了你嗎？什麼一輩子不過只是浮雲，**說給耳朵聽的話，你卻自作多情地放到心裡。**

有人問過我一輩子有多長？

我想了想，說：「一年。」

因為有個人說要一輩子愛我，

結果一年就分手了。

我以為的一輩子是從校服到婚紗，從老婆到老婆婆，從轟轟烈烈到平凡可貴，結果一年就分手了。一輩子真短呀，短到還沒熟悉就已陌生。

和你在一起時，我的心中沒有一輩子，因為只要和你在一起就是最好的日子。可笑的是，我認為的一輩子對你來說不過就是新鮮感的保存期限，感情淡了、我們不適合、你值得更好的，就是不願意承認你只是膩了。你說要愛我一輩子，卻在途中放慢了腳步，我跳到對岸，發現你在原地和我告別，剩下的路留我一個人走。你不敢跟我對視的眼神，像是偷東西怕被抓到的小孩，那一個瞬間我懂了，你只是陪我到你能力所及的地方，你要走了，我再也抓不住你了。

每一句愛你一輩子，都像是把尺，丈量著愛你的程度，有人叫了一聲老婆也叫了一生老婆；有人說很愛你卻還是放棄了你。每一段愛情都有可笑的地方，你說要愛我一輩子，我天真地相信了，卻忘了你說的到底是這輩子還是下輩子。

長情的涓流不敵新鮮感的洪流，就這樣被淹沒在一輩子裡。

一輩子有多長？最長不過永遠，最短不過轉身。

我不喜歡你了，
別疏遠我好嗎？

「謝謝你的喜歡，
可是我覺得我們當朋友就好了。」

這種朋友，有時比暗戀更難受。

考五十九分比考零分更難過，最痛苦的不是不曾擁有，而是差一點就可以。在你說出當朋友的瞬間，我好像就被宣判了什麼，從今往後跟你再好、再親密，我們始終到不了戀人這一步。在最近的地方看著你，心卻好像跟你越來越遠，用朋友的身分參與你的快樂、你的難過、你的種種，到最後參加了你的婚禮。

你是個溫暖的人，你會

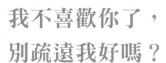

叮嚀我天冷了要多穿一點，你會叫我去念書因為要考試了；你可能不知道，在你關心我的瞬間，是我眼中最耀眼的人。

終於，鼓起勇氣說出了我的想法，但答案不盡人意，你說只把我當朋友，你說不要因為失敗就傷心難過，你會遇到更好的人，我們之後還是朋友。

一直到最後，你依然保持了你的溫暖。

在你想一切如常找我聊天時，你會害怕會不會讓我多想；在你想提醒我明天不要遲到的時候，你怕我會錯意；你把想說出口的話收了回去，留下了簡單的幾個字。茫茫的我看著螢幕，為什麼你的溫暖，讓我感覺這麼寒冷。

我想突破這個僵局，想跟你說點什麼，但說什麼對你都好像是一種折磨。也許我們的關係在我告白的那個瞬間，早就已經崩塌了，是你在硬撐，要是當時忍住了，也許就不會變成現在這樣了。

說好只當朋友，到最後卻連朋友都不像，在路上像是陌生人，以前還會打個招呼，現在卻像風一樣過去。告白本就是一場賭注，要麼得到你，要麼失去我們之前建立起的點點滴滴。明明有先閱讀說明書，但沒想到還是讓人措手不及。

漸漸地疏遠，到最後忘記……

依稀記得那個曾有你的冬天，很溫暖。

欸……

我已經不喜歡你了，

可不可以，別再疏遠我了。

沒有了我的問候，
你應該過得很好吧

早安是一天的開始，
晚安是一天的結束，
吵鬧是對你的依賴。

現在，都沒了，你應該過得還不錯吧。

早上起來時先看一下手機，第一個訊息是你跟我說但我未讀的「早安」，那是多麼的溫暖，也許就是用這種方式偷偷地跟你說：「我想你了。」

晚上睡前跟你說一聲晚安，是那天最棒的結尾，再寒冷的冬夜都被這個晚安暖和。有你的晚安陪我入睡，今天一定會有個好夢，還沒說完的話我們，就留到夢裡相見。

在你面前我可以當個小

孩，有時候故意鬧你只是想逗你笑，看到你笑，我的心情也跟著開心，因為你生氣起來很可愛，所以只好一直惹你生氣了。

現在，都沒了，你應該過得還不錯吧。

現在是誰在代替我跟你說早安呢？

現在是誰在代替我跟你說晚安呢？

曾經熟悉的聲音換了，你習不習慣呢？

我們曾在夢中相遇，現在也只能在夢中相遇。

我每次夢到你，醒來的那刻都在想，可不可以這才是夢，如果還有機會我一定……，象徵現實的鬧鐘一巴掌把我拍醒，而今天又是沒有你的第幾天。

很想再像以前一樣熱情地跟你說早安，也想在睡前跟你輕輕地說聲晚安，但最後我刪掉了那些字，因為也許這對你來說也是一種煎熬吧。

「少了我的吵鬧你還習慣嗎？

「沒有人讓我鬧，我好不習慣。」

回憶的期限

一二〇天，
是對一個人回憶的期限。

二八八〇小時、一七二八〇〇分鐘、一〇三六八〇〇〇〇秒，在這些日子裡，你對他的記憶是增還是減？

只要你真心喜歡或對待過一個人或物，有天他離開了，你一定會捨不得，無一例外。世界上沒有什麼絕情的人，所謂絕情的人，不過就是痊癒的速度比較快。

一二〇天，是個說長不長，說短卻也不短的日子，只能催眠自己那是個惡夢。當醒來沒有收到熟悉的訊息時，你騙自己是他忘了；而當你獨自一人面對空盪盪的房間時，你真的慌了，那個角落沒有熟悉的他，取而代之的是昨夜未丟的啤酒瓶。原來，他真的不在了。

我以為時間是溫柔的太陽，可以治癒一切的傷，可他治好的卻是皮外傷，那個傷口仍會隱隱作痛，我找不到藥，只能用淚水塗一塗安慰自己。我說要用一二〇天忘記你，而我在努力了一一九天後輸給了自己；我哭著說時間騙人，他根本沒有治好我，為什麼我對你的思念是與日俱增。

「明天，我不會再愛你。」

我每天寫完日記時都用這句話結尾，日記上空白的內頁象徵了漸行漸遠的我們，曾經和你一起填滿的過去，變成了我眼淚的痕跡。原來放下好難，真的好難。

一二〇天的日子裡，你還是在我的回憶裡不出來，觸景傷情的街口，一起哼過的那首歌。有你的日子，你是一切，有你的時候，世間繁華不及你的一笑，你在看很美的風景，我在看最美的你；沒有你的日子，一切是你，我變得不愛回家，習慣繞遠路，避開那些有笑有淚的陣陣小雨。

既然你走不出來，那我離開吧。

我是個念舊的人，我終於明白為什麼心情不好的人喜歡看日落，原來一天又過了，以前會一起迎接第一道曙光，現在我一個人看最後一道晚霞。原來心情不好的人喜歡一個人旅行，是因為這個地方到處都是你，我閉上眼睛，你還是進到我腦海；我努力逃離這個有你的環境，不是因為討厭你，是因為太愛你。

其實過了那麼久，我比誰都明白我們之間真的不可能了，我聽了身旁很多朋友跟我說的道理，那些我都懂，可是愛情就是這麼不講道理。

一二〇天的期限不知道超過了幾倍，忘了從什麼時候開始不再看日落，收拾好行囊回到了原本的地方。原來時間真的是良醫，可是他治好的是我的情懷，那個有你的地方還是那麼漂亮，你小聲在我耳邊說出的那句話，不知你有沒有忘，總之我記得。

現在的你仍是我奮不顧身的曾經，但再大的倔強有天也會向現實低頭。不知道你現在過得好嗎？那陣曾溫暖我的微風，希望也能帶著我的思念擁抱到你。

你有哪一點
值得我義無反顧

放不下的時候都覺得對方是最棒最好的，別人說他的不是，你會替他圓滿。

「他不是你們說的那樣。」

「你們不懂他啦！」

你為他哭過了幾次，而他又心疼了你幾次？落淚並沒有錯，你有你要釋放的壓力，但不要流不值得的眼淚。你的眼淚讓你成長也好、看透事情也好，只要有成長就很值得，警惕你不要重蹈覆徹。

你失望好幾次，連生氣都平靜，嘆氣都聽得出無奈，你曾經為了他做了自己不喜歡的事情，為了看他的笑容勉強了自己好幾次，得到的卻是不被珍惜的態度跟越來越遠的距離。最後的最後，你們不像故事書一樣走到白頭，而是像大部分的關係一樣無疾而終，不論你是想通了還是被迫的，都是你那個時期最深切的遺憾。

時隔多年你再想起這段感情，想起了初見的生澀，臉上有著一絲微笑後又轉變成了沉默，心裡閃過一個想法：「你有哪點值得我義無反顧？」以前總覺得配不上你，有著不算小的自卑感，一定是我不夠優秀。於是你拚了命地往上爬，拚了命地變好，希望有天配得上你，可當你真的變好了，又覺得算了，為什麼我那麼好還一定要你。

愛可以讓人變得強大，因為你有了要保護的東西。我曾經是一個為你什麼都可以的人，現在的我看著其他人奮不顧身地愛，就好像看到了以前的自己，那樣地衝動，那樣地前行。那時候的我們沒有現在複雜的樣子，有的只是想愛你，想好好珍惜你的心。

如今回首那段過去，有為你流過的汗水跟為你流過的淚水，有會心一笑也有嚎啕大哭，曾經你在我眼中是個特別、無可取代的人，現在你是我在路上擦肩都不會覺得可惜的普通人，走在路上有時就會想：「你有哪點，值得我義無反顧？」

餘生就別來指教了，我一個人也過得很好。

我沒有在等你

等人是會上癮的。

你等著等著，你會發現如果你不等了，並非放棄了對方，而是背叛了自己。有些感情到最後，你已經忘了你是想要愛，還是想要贏。

突然覺得我算不上等你，我只是還沒辦法喜歡上別人。

錯過你以後，我遇到了很多跟你差不多，甚至比你好的人，可是我卻遲遲不敢往前。不是還沒有走出來，我其實比誰都明白跟你不可能有以後了，甚至以後都不會再見面了，可是心底還是會有一絲絲的期待，期待你會不會有一天突然跟我說你還是很想我。

回憶裡再熱鬧，現實卻還是一個人孤零零地坐著，曾經打鬧的聲音在我腦中無限循環。好幾次了，一個人晚上滑著手機，滑著滑著就哭了。

你還是在我的通訊錄裡面，以前三不五時響起的號碼現在成了陌生的數字，那個在 Line 裡捨不得刪除的聊天紀錄被隱藏了起來，我不敢再打開，可是也不忍心刪掉，一點點期望也好，要是你在有多好。

你如果走不進那個人的心裡，不代表你不夠努力，而是那個人也不斷地在加固心裡的那堵牆。總是把自己交了出去，遍體鱗傷地回來，總嚷嚷著不再相信愛情，可心裡還是有點渴望。人是矛盾的動物，既期待又怕受傷害。

有時候覺得自己沒辦法喜歡上別人，因為總是會把曾經的美好套在現在這個人身上，用以為的框架去定義他，心中一直在比較，沒辦法跟眼前這個人從零開始。這更像是 all in 的一場賭局，要麼贏得一切，要麼一無所有。

如果你忘不掉一個人或放不下一個人，

那你走到哪裡都是不自由的。

「我不是在等你，我是在等我放過自己。」

也許陌生人，才是你最合適的稱謂

輯二

家人／成長

累了就回家

這不是你

最嚮往的長大嗎？

你沒有翅膀，你不是天使

你對他好一千次，他不會記得；
你對他不好一次，他永遠記得。

身邊有一種人，他對人很好很好，幾乎別人有請求，他就算尷尬也會答應，最後變得他身上有好多壓力；他總是覺得不幫別人好像是自己虧欠了他，即使千百個不願意也會答應。可你越是對一個人好，他就越不把你當一回事，時間久了，他會把你的付出視為理所當然。

你的善良，一定要有點原則。

不是要你當個濫好人，你可以很大方地幫別人，但要保持一定的底線，你沒有底線，別人只會得寸進尺。你不是天使，你沒有翅膀，所以你不用對一個人太好。請把你的溫柔和善良留給懂得珍惜的人，該生氣的時候就不要忍著，該拒絕的時候就堅定地拒絕。

善良是你的優點，但別讓它成了你的缺點。

善待別人的前提是你先善待自己，而不是委屈自己成全別人，人和人要互助才能一起走下去，你可憐他，所以拉他一把，那你可憐的時候，又有誰會幫你？活著已經很累了，沒必要再把別人的責任擔在自己肩上，學著做一個會拒絕的人，要記得，當你有原則時別人才會尊重你。

犧牲玩樂的時間，犧牲念書的時間，犧牲了一大堆時間，就為了幫助你，我曾以為那樣是維持感情的方法。

但長大後才知道，好朋友是會尊重你的，你的拒絕也不會讓這段感情動搖，相互尊重的友情才會走得遠，不論友情還是愛情都是這樣，互相尊重才是長久的資本。

有時我很想跟自己說聲對不起，因為曾經為了別人為難了自己。

勉強 :)

人在異鄉，不要生病，
好好吃飯，就不會想家。

所謂理想，就是離鄉，很多人選擇離開家鄉，去到了一個陌生的地方，就為了更好的未來、更多的機會。陌生的城市、陌生的人，一個人重新開始。

人在異鄉，不要生病，因為沒有人會照顧你了，也沒辦法隨便請假，抱病也要去上班。以前不舒服會有人準備營養的東西給你吃，現在半夜醒來，身邊空無一人，只能撐著身子起身，去做以前有人替你做的事。

以前總覺得你管太多，

但現在身在異鄉卻又開始懷念你的嘮叨，原來有個人關心是一件那麼幸福的事。

「幾點了，還不快睡覺。」

「吃飽沒？」

「天氣很冷，多穿點。」

那些我覺得煩的聲音，現在一個人生活卻好想再聽一次。我當時真傻，竟然不好好珍惜，以前放假只想往外跑，現在還得提前搶回家的票。你讓我飛翔，我卻像是小孩一樣留戀你們的擁抱。

以前想快快長大，想要自由，想要享受一個人的生活。剛開始很自在，覺得沒人管，這就是我要的生活，時間久了，你覺得自由不過如此，但你還是感覺少了什麼。

白天了，沒人叫我起床上課，我用鬧鐘替代。

晚上了，沒人叫我出來吃飯，我用飢餓感替代。

夜深了，沒人開門叫我早點休息，我用乾澀的眼睛替代。

總是說著下禮拜回家，但接踵而來的雜事總是打亂了我的計畫，「學校很忙」「公司很忙」「下次再說」，即便我一直這樣拖延，但還是會收到來自家人溫暖的關心，「過得好嗎？」「還有錢嗎？」

當被工作或課業壓得很累很累時，收到這些關心的當下，鍵盤和眼眶總是濕濕的。

其實你不知道，你沒有回去，他們都吃得很簡單，人都慢慢在變老，父母也是，等你回過神來才發現他們白頭髮又多了很多，皺紋又多了幾條。

好好吃飯，就不會想家，家的味道是外面餐廳比擬不出來的，那是一種愛的表現，現在的我沒辦法常常回去，所以用外食壓過家的味道。說來諷刺吧，我不是忘了家的味道，我是想不起家的味道。

現在我仍在為年幼的夢想奮鬥，你得到什麼也必定會失去什麼，得到了成就，卻犧牲了和家人相處的時間。也許鳥兒終有一天會展翅高飛，接受這個事實是父母必經的過程，有天我們也會成為父母，看著孩子離開我們，去開創屬於他的人生，而作為孩子的我們，能做的就是不要辜負父母的期待，用力地振翅，用力地飛翔。

上次回家，是多久以前呢？

我聽過最溫柔的一句話，是你說的那句：

「在外面累了就回家，家門永遠為你敞開。」

我知道你會很擔心我過得好不好，所以我不想讓你知道我過得不好。小時候委屈了，我大哭，現在委屈了，我含淚吞下去。原來這就是長大。

「最近過得怎樣？」

勉強

「還行啦，不用擔心：）」

不懂就閉嘴

**這世界上沒有所謂的感同身受，
因為受傷的不是你，針不是扎在你身上，
所以你根本不知道有多痛。**

一個人笑了，他可能是很努力地強顏歡笑；

一個人哭了，他可能真的受了很大的委屈；

一個人崩潰了，他可能真的勇敢了很久。

我們看到的都是事情的表面，而我們常常用表面就定義了我們認為的東西。有人做著便利商店的大夜班，你瞧不起他，「哼，一定是找不到工作才來幹大夜班」，但你不知道他是為了家人的醫療費身兼數職，你看不到他背後的困難，你只看到了眼前的景象，就默默在心裡定義了他。

我自己有時候也會這樣，以為眼前看到的就是事實，但每個人都有每個人的難處，我們不知道就閉上嘴，裝得一副了不起的樣子，其實也沒多高尚。我不懂為什麼有些人用著爸媽的錢，然後嘲笑著自己努力賺錢的人。

一個人會崩潰絕對是因為經歷了什麼，

你覺得他崩潰的點很一般，覺得他小題大作：

「蛤，他這樣就哭了喔。」

「我才說一句話而已他就生氣了，真的很玻璃心。」

一個人難過的眼淚，除非是很熟的人，不然是不會輕易在陌生人面前流下的。你不是他，你不知道他經歷了什麼，你只覺得他小題大作沒有抗壓性。

但……

你不知道他在落淚前撐了多久，

你不知道他在落榜前花了多大的努力，

你不知道他在分手前原諒了對方多少次，

這世界上多的是你不知道的事，而你只看到他崩潰難過的樣子。

只有他知道你所謂的小題大作，到底壓垮了心中多少公斤的稻草。握住那最後的希望氣球，卻在一瞬間讓他從手中溜走，緩緩升空，再墜落在我們不知道的地方。

我們不能讓每個人都懂自己的感受，有些事只能自己面對，不奢望其他人懂。

我只希望：
「你不懂就閉上你的嘴。」

長大了，真慘呀

這個世界處處都充滿不公平，但這世界怎麼可能公平？

世界唯一公平之處，就是我們每個人一天都是二十四小時，時間的流逝是我們沒辦法去阻攔的，開心是一天，難過也是一天，時間一直在走，不論我們跟不跟得上。

小孩有一天會長大成大人，這也是一定的。

小時候的我們是無憂無慮的，沒有錢的壓力，唯一的煩惱是今天晚上要看哪一台的卡通。小時候是最快樂的年紀，難過了就大哭，哭完就睡著了，會哭的孩子有糖吃，因為你年紀小，身邊的人都處處讓著你。

現在長大了，慢慢感受到跟以前不一樣了，從睡到自然醒到每天六點按掉鬧鐘，從冰奶茶換成了拿鐵，再到黑咖啡，吃一大堆的早餐到簡單的白饅頭，一個小的改變也漸漸說明了「小時候」離我們越來越遠。

等到長大後，卻又時常懷念小時候。長大了不再像過去一樣無憂無慮，每天要忙工作、課業、人際關係，小時候你給我一顆糖我們就是朋友，見了面會發自內心微笑的那種朋友；現在長大了你對我的微笑，我都不知道是真的還是假的。小時候微笑是最好的語言，長大了微笑卻是最好的謊言。

以前會哭就有糖吃，現在你哭根本沒人理你；以前尊嚴比什麼都重要，我可以輸，但不能沒尊嚴，現在長大了，你的尊嚴真的沒有那疊鈔票來的重要，你要麼繼續做，要麼滾蛋。每個人都很努力地活著，活到都不知道自己是誰了。

長大了，好像真的有那麼一點慘，連崩潰大哭都要選時間看場合，明明已經在崩潰的邊緣，卻要強忍到回家，把門關上後瞬間潰堤。長大是我們都一定會到達的地方，「難過就哭，開心就笑」這幾個字，長大後才發現原來那麼難。

長大了開始懷念小時候，那個無憂無慮，躺在操場看雲的年紀，受到委屈就哭，哭完了睡一覺，明天又是一個活潑的孩子。現在長大了，受到委屈我不能哭，因為那些看不起我的人正準備看我笑話，把眼淚逼回去，去廁所整理好儀容，繼續帶著假笑容面對別人。回到家崩潰後，在有眼淚的枕頭上睡著，每天消耗著自己，都快忘了自己是誰。

小時候我真傻，竟然盼望著長大。

有個固定陪你聊天的人，就已經比大多數人幸福了

小時候的晚上，
回到家後第一件事情就是上即時通，
把遊戲打開，
跟同學一起聊天玩遊戲……

不知不覺時間到了，我們把電腦關機，「欸我先下了喔，明天再聊」，隨著電腦關機的聲音，才覺得一天又到尾聲了。

那時候的智慧型手機不如現在發達，即使有手機，拿來傳簡訊也是一封三元，還要算字數，把每一個空格都填滿才可以，當時省吃儉用也要存錢買預付卡傳訊息；現在科技更發達，當初那種生活真的像原始人，雖然慢可是多了淳樸。

那時不是想傳就傳，而是挑幾個重要的人，如果你收到了我的簡訊，那你對我來說一定非

常非常重要。

人手一機的時代，交友軟體百百種，即時通訊軟體的普及，我們不再像以前一樣覺得傳簡訊是一件奢侈的事情，我們享受著科技拉近我們的距離，卻也感受到了人跟人之間的疏遠。以前看到就回，現在看到想想再回，忘了就算了。

每個人都有每個人的生活，所以請珍惜願意在晚上陪你聊天講話的人，因為他們願意犧牲自己的時間跟你交流，除了在乎你，我想也只剩在乎你了吧，沒有人會每天跟一個不在乎的人講話的。

有人整天說著自己不幸福，但其實幸福就在你身旁邊，只是你有沒有察覺而已。

每天有陪你講話的朋友，你很幸福，因為有人連知心朋友都沒有；

每天有叮嚀關心你的父母，你很幸福，因為有人沒有父母；

有個人願意每天花時間，陪你聊天，哄你開心，即使你們不是情侶，你們只是很好的朋友，那你也已經夠幸福了，因為有人連個可以暢所欲言的朋友都沒有。

所以請珍惜那些固定跟你說話的人，他們有手機要滑、有遊戲要玩、有劇要追，每個人一天都是二十四小時，他卻願意花時間陪著你。

孤單的夜晚不只有黑暗，也有他陪伴你的光芒。

曾經那麼好，現在卻什麼都不是了

別人刪除你時，系統不會告訴你，
是怕你傷心；
你刪除別人時，系統會問你確定嗎？
是怕你會後悔。

臉書、Instagram在辦帳號的時候都會自動連結你可能會認識的人，然後就常常出現一些幼稚園、國小，甚至以前補習班的同學，看到之後都會好奇地點進去，看看他現在過得怎麼樣。有時候覺得這個功能真的不錯，可以把曾經斷了聯繫的人找回來，有時候卻又有點小難過，因為你看到了曾經跟你很好的朋友。

我有些朋友會有定期清理好友名單的習慣，

「咦，這個人是誰？不認識，刪吧。」

「這個是之前賣東西的買家，刪吧。」

「這個是活動加的，刪吧。」

「這個人是ＸＸＸ，我國小好朋友，刪嗎？還是不刪？」

「好久沒有聯絡了，刪了覺得可惜，不刪覺得放在那裡也沒用。」

每個階段都會遇到不同的朋友，國小每隔兩年分一次班，國中三年也會分一次班，高中三年、大學四年，我相信大家都有自己最喜歡的求學階段，每個階段一定都會有一兩個到現在都仍然在聯絡的朋友。

「欸我們要一輩子那麼好」「畢業後再約啊」，常常覺得友情有時比岩石還堅固，卻又比什麼都脆弱。有些人沒有了愛情，還是有友情，友情的力量讓你撐下去，失戀了找朋友，難過了找朋友，多少次慶幸自己還有友情，還有這群兄弟跟姐妹。

說好要當一輩子朋友、好麻吉，卻在每次的畢業、分班後斷了聯繫，以前的約定都變成浮雲，這好像也變成了所有人的默契。畢業後有人退出了班上的群組，有人把一些不熟的人刪掉，也許對他們來說這只是過程，而我們只是沿路的花花草草。

現在在路上遇到對方也不會打聲招呼，明明以前是那種會打來打去的好朋友，擦肩而過的同時也丟掉了你們以前一起培養的感情，變成素不相識的陌生人，一個往東一個往西，有默契地沉默，消失在人群。

有時候隔著人群看到你，就會想呀，這個人以前和我那麼好，現在卻什麼都不是了。

越長大越覺得孤獨，越長大會發現你手機可能有五百個好友，但能稱之為朋友的可能一隻手數得出來。那五百個好友裡面可能有曾經跟你很好的，卻因為長時間沒有聯絡而淡掉了感情，想著想著也覺得有點難過，但你也無能為力，感情都會隨時間淡掉了，何況友情。

那天滑著臉書，看到我推薦好友裡面有個熟悉的影子，那是我以前球隊的朋友。會跳出推薦好友，就代表原來他早就把我刪掉了。

一起比賽一起練習的回憶，我有時候都還會想到，但原來他早就丟掉了。不過我不會覺得他無情還是怎樣，畢竟真的有幾年沒有聯絡了，要是我可能也會刪掉吧。只是還是會覺得可惜啦！他之前跟我那麼好，現在卻什麼也不是了。

對誰，都不要太熱情

別說我冷，
是暖的時候你沒有珍惜。

遇到喜歡的東西努力追求，因為有付出，所以得到的時候才會非常珍惜。有人的個性很熱情，遇到喜歡的東西就是藏都藏不住，恨不得讓全世界都知道，有人是有個冰冷的外表，內心卻有一把熱情的火。

請一定要記得一個道理：

就是不論對誰，只要你太過熱情，就增加了你不被珍惜的機率。

身邊有不少這樣的人，

遇到喜歡的人就是努力追求，他們沒有什麼優勢，不像別人是富二代，不像別人有房又有車，他們有的只有一顆絕對不會輸人的愛你的心，能做的就是想辦法對他好，常常覺得既然你是一座冰山，那我一定要用我的熱情把你融化。

「是不是太容易得到的都不珍貴？」

你傾盡了所有喜歡一個人，你把自己最好的都給了他，你總是覺得自己是顆太陽，可以溫暖任何人，但你不知道那顆冰冷的月亮也曾經是太陽，只是它變成了屍體。你付出的一切並沒有錯，只是為什麼對方一定要回應你的喜歡，會不會對他來說，你的喜歡反而變成了一種困擾，也會不會他早就習慣了你的好，你的好對他來說只是生活的一部分，因為對他來說，他什麼都沒有付出就得到了你的熱情。

你覺得自己是不是哪裡做錯了？為什麼你那麼地熱情，卻換不到他一次的轉身回頭。

熱情、主動並沒有不好，只是我覺得對一個人來說，你可以熱情如火但請別把自己燒死了。你的熱情換來的可能是對方的不珍惜，以前你總是藉著「我睡不著」來跟他搭話，你總是看著手機等著他的消息，你的消息傳了五封，他只會選其中最容易回覆的那句回答；你等他的訊息等到快睡著了，而他根本不在意，他想睡就睡，睡前也不會記得你的晚安，更不會跟你說晚安，因為他的心裡根本沒有你。

你付出越多的熱情，就期待對方也回應你同樣的熱情，你要是沒有過多的期待，就不會有更深刻的悲傷。

來不及說的對不起
和長大後懂事的感激

**時間是個神奇的東西，
他不論你的身分地位、貧富，
每個人一天都是二十四小時。**

時間是個殘酷的東西，它讓我們慢慢長大，它只會往前不會回頭，它不管我們追不追得上，我只知道它一直往前；時間也是個溫柔的東西，它讓所有受傷的人慢慢好起來，它像是個醫生一樣治療了我們遇到的不如意。

時間像是個篩子，它會篩選我們人生中遇到的所有人，好的留下，不好的離開；而時間也沉澱出了許多來不及說出的對不起，有些傷害我們當下並沒有什麼感覺，但當時間久了，想到那句話時，才會發現原來非常傷人。

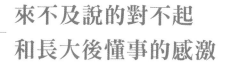

有時候跟朋友吵架，常常會因為在氣頭上而說出一些難聽的話，對方啞口無言時，我們就會覺得自己吵贏了，可能只是簡單的幾個字，但卻在對方的心中留下了很深的傷痕。寫下這句話的時候，我想到了以前跟朋友吵架的場景，我記得當時我說了一句很不好聽的話，他沉默了，我覺得我贏了，我覺得我沒有錯，是你自己要跟我吵架的。

時間就這樣過了幾年，我常常會想到當時如果我忍住不說出那句話，我是不是跟他就會變成很好很好的朋友。但時間是殘酷的，都過了那麼久我也不知道他現在人在哪裡，過得好不好，而我心中的那句「對不起」也永遠傳不到他的身邊。有時候你無心的一句話會讓你們的關係完全破碎，造成的傷害也不是一句對不起可以彌補的，我跟你說對不起不是要你的「沒關係」，我只是覺得這是我必須說的，只是你應該也收不到了。說話的時候好好思考一下，不要讓一句話變成你們之間永遠的裂縫。

孩提時期，老媽都說你要認真念書，你不一定要多有成就，但不要做不好的事情。其實國中高中都會看到學校有一些比較不愛念書的學生，翹課、逃家之類的，那時候都覺得他們的生活很快樂，每天都在玩，而不是像我一樣每天都在補習。

常常會跟別人比較，他有什麼我沒有什麼，但我卻忽略了我有什麼。以前覺得讀書沒用，為什麼要一直逼我讀書，現在長大了才知道爸媽說的不能說全對，但大多都是對的。以前笨笨的不知道父母的用心良苦，長大了才知道他們的用心。

以前想長大，現在想回到小時候。

時間的推移讓我們長大，時間的殘酷教會我不能一直當個小孩，因為時間我失去了很多東西，但也讓我知道，我要用時間珍惜我重視的東西。

我還欠你一句對不起，

也欠你一句謝謝你。

你不在家的日子
飯桌永遠都那麼簡單

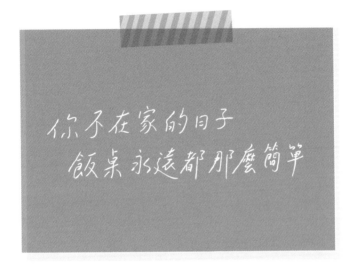

這世上只有和好，沒有如初

和好如初，以前以為這是一個成語，
四個字的成語。
長大了才知道原來這是兩件事情，
兩個完全不相干的事情。

「希望你們和好如初。」

這是小時候跟同學吵架時，老師都會跟我們說的話，那時候覺得這是理所當然的，誤會都說開了，沒有理由不和好。長大了才知道原來和好如初是願望，很多人的願望。

人跟人的相處過程中多少都會有衝突，小到互相抱怨，大到拳打腳踢，每個衝突的出發點都是一件事情的矛盾，大家都想要讓自己的觀點被認同，所以我們會用嘴巴甚至身體傷害別人，捍衛自己認為對的選擇。

身體受傷了可以擦擦藥，它會自己好起來。

但心呢？

心受傷了你不會看到，有人的心滿是傷口，卻微笑待人，膝蓋破皮了可以貼上ＯＫ蹦，發燒了可以貼退熱貼，但心受傷了什麼藥都沒有。相信一個人需要很長一段時間，但那個人卻只要一句話就可以讓你的心受傷，我們不是在遊戲裡面，我們的頭上沒有信任值，受傷了也不是吃個道具就能回血，我們依然得往前走，帶著傷痛往前走，讓時間去治癒那些痛。

有時候我們會驚覺自己的話傷害到了對方，對方可能只是一臉尷尬地笑笑帶過，但在他的心裡我相信一定非常地難受，尤其是對在乎的人，那個傷害是翻倍的。**我們常常對陌生人說心裡話，對身邊的人沉默不語，表達愛時無力，傷害人時又那麼鋒利。**

可以做朋友嗎？

還可以做朋友嗎？

有多少人是因為拉不下臉道歉，而失去了原本可以很長久的友誼。我們都覺得說的話做的行為沒那麼嚴重，但是針不是扎在自己身上是不會知道有多痛的，而當你意識到已經對他造成傷害時，卻又已經來不及，那個裂痕已經無法修補。

一顆心缺了一塊，你說再多的道歉都找不回那殘缺的部分，也許對方已經說了沒關係，我原諒你，但心中依然會有那個疙瘩在。你們還是名義上的朋友，卻像是隔了一條泥濘地。

傷害別人可能是一個動作一句話，你一瞬間的衝動，可能會讓你們培養好久的關係瞬間崩塌。說話時想一想，言語有時候溫柔得像是剛曬完太陽的棉被，但有時卻鋒利得像是剛磨完的利刃。

「我們可以和好如初嗎？」

「別傻了，這世界上根本沒有和好如初。」

我們可以和好，但不可能如初。

別把什麼都推給緣分

緣分是很神奇的兩個字，
很多的故事就是從這兩個字開始。

世界那麼大，在那個時間、那個地點、那一秒，我們遇到了對方，不論是對到眼還是說到話，每一段關係都是其中十億分之一。為什麼是你出現在我眼前？為什麼人海茫茫我卻看到了你？不就是因為緣分。

我希望你下輩子不要改名，這樣我會更容易找到你。世界上的每一個相遇都不是偶然，可能是他來實現他上輩子的承諾，他依然記得對你說過的話，拚了命地想與你見面。

每一段關係都有他的甜蜜跟苦澀，以前感情失敗了，朋友都會跟我說「下一個會更好，你跟他只是沒有緣分而已」，但這句話只是朋友安慰你的客套話，我們比誰都清楚，但卻還是用「緣分」兩個字來安慰自己。

你們的關係有很多的遺憾，你怪給緣分；

你們的關係有很多美好，你歸功給緣分。

緣，的確妙不可言。

沒有緣分當你們的媒人，你們可能就這樣錯過在人海，但別把什麼都推給緣分。以前稍微有點小摩擦就會思考對方是不是對的人，他說他要走，我跟自己說只是緣分太淺，既然緣分不到，那你走吧。可現在才發現原來感情裡面沒有什麼緣分，緣分的功用只是讓你遇到他，剩下的全靠你自己，全靠苦撐。

他讓你難過了，你為了不要讓他離開，為了續你們的緣，你大哭一場後還是撐了下來；你愛他，別人沒辦法幫你，他做了再多你討厭的事情，你依然放不下手。別人都說你跟他沒那個緣分，是他不珍惜你的，但我們都會在心裡跟自己妥協，告訴自己再撐一下。

別把什麼東西都推給緣分，緣分才懶得收你的爛攤子。什麼都怪緣分，那只是你逃避的藉口，怕會有遺憾就好好愛他，有什麼話就說出口，「我喜歡你」「你對我來說很重要」。兩個人的見面次數都在倒數計時著，只是你還沒有發現，你覺得他永遠不會缺席，但當他沒有出現的那一天，就已經來不及了。怕遺憾就好好愛，愛到問心無愧，也許你們最後分開了，你還是可以微笑放手，而不是後悔自己當時要是有說出口就好了。

想要什麼美好自己去創造，什麼新鮮感過了都是假的。偶爾的小驚喜，紀念日時不用多昂貴的禮物，一張親手寫的卡片跟一朵漂亮的花就夠了。有人說美好很昂貴，但平凡的好最珍貴，我不用你的豪車，只要你在前座哼著那首不知名的歌，我在後座抱著你；不用什麼海誓山盟，只要你略帶害羞的臉和那句「我喜歡你」就夠了。

緣分讓你遇見了對方，那只是個開始。

有一句話是：

「你想要的日子，你要自己給自己。」

那你想要怎樣的關係，你要自己去爭取。

我沒哭，不代表我很快樂

多堅強的人都會有脆弱的一面，
而表達脆弱的方式有很多，
不一定是眼淚，
可能是行為，可能是心態。

他表面微笑可能內心在哭泣，不要過問別人經歷的事情，那可能是一件微不足道的事，但卻可以變成壓倒他的最後一根稻草；也不要說什麼感同身受，你不是他，是不可能感同身受的。有時候，我們要的不是什麼雞湯也不是什麼打氣的話，只要靜靜地陪著我們就夠了。

哭泣是表達悲傷跟難過的最好方式，長大了都知道眼淚不可以輕易掉下來，那些在路上就大哭的人一定超級難過吧。有人放聲痛哭，有人在角落偷偷哭，每次流淚後，我們都把悲傷藏在心底，整理好自己的心情，笑著面對別人。要知道，看起來越是堅強勇敢的人，哭起來越撕心裂肺，他們不是樂天派，只是把難過藏得比較好而已。

「不要沒看過我哭，就以為我過得很快樂。」

所有人都是很努力地活著，很多事情別人是幫不了你的，你只能靠自己，也需要經過一些事情才能成長。有些人只能忘，而有些路只能一個人走，也許笑臉只是一個面具，面具下的他脆弱又傷痕累累。

「你之所以看到我在笑，不是因為我過得好，而是我想過得好。」

在疲憊的生活裡勉強擠出一個微笑，是一件吃力的事情，但我們又有什麼選擇呢？如果不面對問題永遠都在那，如果不勇敢那只會更遺憾，與其愁眉苦臉，不如笑一個，起碼體面些。

他的微笑後可能有著你無法想像的壓力，他也許在你不知道的地方放聲大哭，哭完告訴自己不能倒下，因為我只剩自己了。他沒有在哭不代表他快樂，他在笑也不代表他快樂，畢竟隱藏情緒是我們都擅長的事。

稚嫩到成熟

每個人都是從稚嫩的小孩變成成熟的大人。

人會隨著年齡慢慢變得懂事，從簡單的1＋1到困難的微積分，從簡單的「請謝謝對不起」到出社會的社交生活，我們慢慢揮別童年的自己，然後變成以前自己想成為的大人。

除了學校給我的知識，我們外在的生活也會影響到我們的心態，大家都希望在愛與保護下開心地成長，有著父母的關愛是那麼理所當然的事，但對於某些人來說卻是最奢侈的夢想。出了社會才知道原來社會像是個叢林，裡面不像學校那樣地單純，笑著說謊，背後藏刀是常有的事情。

大家都覺得男人要頂天立地，男人是一家的支柱，男人不能哭，男人不能軟弱，很多的刻板印象讓男生其實活得也很辛苦。有句話說：「一個成功的男人後面，都會有個偉大的女人。」這句話說得沒錯，在男人要努力拚事業，壯大自己，讓自己發達的時候，在背後把家裡的一切打理好的那個女人就尤為重要，因為他，男人才可以無後顧之憂。

有時候我們會遇到一些年齡跟外表不符合的人，男生女生都一樣，我們都會好奇他到底經歷了什麼？為什麼年紀輕輕卻那麼成熟，有著這個年齡不該有的穩重？

而我覺得多半跟一個女人有關，常常會有人說「那女的拜金啦」，好像喜歡金錢就是個婊子；但仔細想想，今天你要別人喜歡你，你也是需要一點本事的。小時候有才華就可以找到另一半，長大了如果你真的想過未來，你沒有錢，你拿什麼養我，一直幼稚學不會長大，那未來我想也只有灰白吧。我想這就是為什麼女生多半喜歡成熟的男生吧！你可以窮，但你的思想不能；你可以窮，但你態度不能，可是你什麼都沒有，還幼稚。

「你可不可以成熟點！」

多少人是因為這句話而分開呢？

你希望我成熟一點，但你不知道是因為你，是因為在你的面前，所以我才可以當個小孩，你只看到了幼稚，卻沒看見愛你。

謝謝你讓我變成熟，

卻遺憾最後那個陪我成功的女人不是你。

男生女生都是一樣的，總會有個人讓你病入膏肓，但又會有個人讓你不藥而癒，一個人從幼稚到成熟想必他一定是經歷了什麼。

因為家人的離開，讓你學會了珍惜當下；

因為成績不好，讓你學會了用功讀書；

因為世界好孤獨，讓你知道了友情的美好；

因為他的離開，讓你知道原來愛情如此脆弱。

每個階段的愛情都是讓我們變成熟的催化劑。小時候笨笨的，覺得有對方的手牽就好了，長大了才知道童話故事般的愛情根本不存在，什麼王子馬車、金幣城堡，那些只是為了讓我們羨慕愛情的把戲。真正的愛情需要成熟的兩人，需要理性的兩人，你意識到你再不成熟一點，那你終究要失去。

為什麼要長大，我好想當個小孩，每天上學下課吃點心玩電腦睡覺，多快樂，以前沒錢但是快樂，現在長大了，不只沒錢還不快樂。

只是時間的前進我們都阻止不了，我們有天會長大，我不能阻止，那我就要變成我小時候羨慕的大人，我想變有錢，我想當老闆，我想要抱得美人歸，為了達成這些，我必須丟掉我的幼稚，我必須變成一個成熟的人。

你說你喜歡成熟的人，我努力變得成熟，
可是等到我丟掉稚嫩，變成你喜歡的人，
努力得到那些你嫌我沒有的東西時……
你也不在了。

他沒來之前，你本來就是一個人生活

出生到這個世界上的時候是一個人，離開這個世界時也是一個人。

一個人生活是我們都必須學習的東西，有時候不要太依賴一個人，要是有天他消失了怎麼辦，別忘了在黑暗的時候影子也會缺席。

常常有人問我：「我現在分手了，我好難過，我不知道怎麼辦？」我常常會回答一句話：「請你想一想以前沒有他的時候，你是怎麼活下去的？」以前沒有他，我們不也過得很好？早上起床跟自己說早安，餓了就自己去吃飯，想睡覺就睡覺，想做什麼就做什麼，一個人的生活也很美滿，常常覺得一個人就好啦，要另一半幹嘛。

〈綠色〉裡面有一句歌詞：「若不是你突然闖進我生活，我怎會把死守的寂寞放任了。」的確，你出現前我都過得好好的，你出現後我的生活多了不一樣的顏色，紅橙黃綠藍靛紫，每個顏色都有你帶給我的酸甜苦辣。

平凡的生活好像有點不一樣，每天有了你的早安陪我起床，難過時有你的安慰接住我的眼淚，迷惘時你又會像人生導師般開導我，每天晚上有你的晚安變成我們明天再見的約定。

以前覺得情話就是要海誓山盟，結果才發現原來最甜的情話是你的晚安後，還加了一句「明天見」。灰白的生活被你塗上了色彩，每天起床不再是漫無目的，而是有著期盼的東西，以前叫我起床的是鬧鐘，現在叫我起來的是想見你的雀躍。

大家都是從陌生到習慣，習慣後的失去才是最痛苦的。有位朋友問我：「你覺得失去跟得不到哪個比較難過？」我回：「失去吧。」畢竟會失去代表你曾經擁有，你說平行線很可憐，因為他們永遠碰不到對方，但你有沒有想過交叉線更可憐，他們經過了一個交點而越離越遠，那種熟悉後的漸行漸遠，不是更讓人難過嗎？

失去一個人後只是回歸到原本，當你變成一個生活白痴的時候，你有沒有想過他仍然過得很好；當你還在因為他社群網站上面一段話而多愁善感到不行的時候，你有沒有想過他其實就根本沒把你當一回事。你總是委屈著自己試圖挽回一個早就把你丟掉的人，他都快有新對象了，你還在看以前跟他的聊天紀錄。

你以前怎麼過的現在就怎麼過，沒有人跟你說早安，你可以跟自己說，如果沒人愛你了，那你可以自己愛自己。失戀後的難過我們都懂，也知道那不是輕易可以抽離的東西，只是如果你連生活的步調都找不回來，那你要怎麼讓自己有百分之百的狀態遇見新的他呢？

熬夜生成黑眼圈，沒吃飽變很瘦，就問你們，誰會看上這麼沒有精神的人？你都希望遇到好男人好女人，那你有沒有想過對方同樣也需要好男人跟好女人？

放下一直都不是一天兩天的事情，而習慣一個人生活也不是，但如果你自己都騙自己，把自己矇蔽在你認為充實的生活裡面，那我想你大概也永遠好不起來了。

借酒澆愁愁更愁，那就去喝水吧，喝水代謝好還會變漂亮；泡夜店給人貼，那還不如去跑步，至少你面對的是陽光不是黑暗；每天沉浸在虛擬網路中，不如去多讀點書，至少你還會動腦，每天靠北世界上沒有真愛，那還不如讓自己優秀然後自己去找。

變好的方式千百萬種，一個人也能好好過生活，不要因為一時的受傷而失去了原本的自己，不要一直抱怨自己的生活被他打亂了。你已經弄丟了以前的生活，弄丟就弄丟，弄丟就去把它找回來。

房間亂了你會整理，把垃圾丟出去，

生活也一樣，把你凌亂的生活整理好，

把不該留著的垃圾丟出去。
控制好你的生活，
而不是讓生活控制了你。

你應該好好謝謝自己

每經歷過一件事情，
或多或少一定都稍稍改變我們的個性。

比賽輸了，為了下次的勝負我們努力練習，因為輸了，我學會了苦練；因為倒下了沒有人撐住我，所以我學會了堅強；因為我要成功，所以我學會了忍耐；因為被傷害過，所以我學會了保護自己；因為太相信一個人，但最後被背叛，所以我學會了為自己多想一點。

每個人會遇到各種好事、壞事、破事，我們在這些事情中成長，所以才變成今天獨一無二的自己。有人說：「要感謝前任讓你成長，因為他讓你變得更好。」

我覺得不是這樣的，那些痛不欲生、難過的日子，是你自己一個人咬牙一步步熬過來的，為什麼要謝謝他？你應該要好好謝謝自己。

的確，前任的離開讓我們學會了一些事情，我學會了還是要多愛自己一點、我學會了不要聽信別人的滿口胡言；你也讓我成長了，為了要讓你後悔，我努力變得更好，我想過上比你更好的日子，我想找一個比你更愛我的人，我想用我未來幸福的日子打臉當時丟下我的你，我想證明，我沒有你，也可以過得很好。

但奇怪的是，為什麼都已經分開了，你還在「為了不被他看不起」「為了讓他後悔」，也許他是你想更優秀的動力，你快撐不下去時想到他，為了讓他後悔，你又打起精神來，那……你有想過自己嗎？為什麼不能有一個「為了」是為了自己？

分開後的日子有多麼難過只有自己知道，生活中處處都是他，一個轉角，一個路口，一陣舒服的風，一片藍藍的天空；每天難過地生活著，少了一個人的晚安，不知道失眠了多少次，看到美景拍起來，卻沒有那個送出的對象。撕心裂肺的那種痛苦只有自己懂，花了好大的力氣才走出那個低谷，花了好大的勇氣才敢再去愛下一個人，為什麼我還要感謝他？

你最應該感謝的人是自己，跟那些願意陪著你的朋友。分手後的痛苦我也知道，感謝那些願意陪著我療傷的朋友，聽了我無數次的抱怨，卻還是願意抱著我，跟我說一句「你辛苦了，我都在」，在我最難過的時候你們留下來陪我，在我覺得這個世界沒有溫暖只有難過背叛的時候，你們像太陽一樣溫暖著我，告訴我這世界也是有希望跟陽光。也許大多時候是我自己熬過來的，但如果沒有你們，我想我也沒有那種勇氣，真的真的很謝謝你們。

你最該感謝的人應該是自己。

謝謝自己撐過來了，

謝謝自己沒有被打倒。

「你可以為了別人變得更好，

「那你是不是也該試著為了自己了。」

喜新厭舊

小時候喜歡一個玩具，
跟媽媽求了好久才拿到，
拿到玩具後很珍惜，
但當拿到更新的玩具時，
那個舊玩具就不太珍惜了。

一直覺得喜新厭舊是人的本性，我們會懷念過去卻擁抱新的東西，手機越用越新，iPhone 5 到 iPhone X，那些舊的東西我們會覺得那是一個很棒的過去，但我們還是會向新的東西招手。

有時覺得感情也是一樣的，有一句話是這樣的，「如果你愛上了兩個人，請選擇第二個吧」，因為如果你真的愛第一個人，是不會愛上第二個人的。

任何東西一旦失去了神祕感、新鮮感，就會變得習以為常。

很多人分手的理由都是感情淡了，沒那麼喜歡了，但就是不肯承認其實是喜歡上別人了。我看破了你的謊言，但我又不想拆穿。

所以，

你走吧！

我不怪你，

畢竟喜新厭舊是人的本性。

My Man

「慢慢走，不要急，爸爸會等你。」

我出生的那一天，抱著我的那個男人不再是個普通人，而是有了「父親」這個稱謂，這個責任。想到小時候呆呆的自己，踏著可愛的腳步慢慢往前，我想當時老爸的心情應該很開心吧。從在地上爬到開始走路，最後活潑地跑跳，我們每天都在長大，而老爸每天都在變老。以前跟不上爸爸的步伐，總是在後面追趕，這時爸爸就會轉頭跟我說這句話，現在想起來也是很暖和的一句話：

「慢慢走，不要急，爸

爸會等你。」

生老病死是每個人都會經歷的階段，慢慢變老也是這世界不可違逆的定律，我們總是忽然才意識到爸爸的變老，頭髮又白了一點，皺紋好像多了幾條，以前那個抱得動我的老爸現在也沒那麼有力氣了。

「幸好，我現在有力氣抱起他。」

在我們家，老爸是一個嚴格的人，對於事情絕對不馬虎全力以赴，沒有嘗試過怎麼知道會失敗。從他的身上學到了很多東西，最基本的負責任，要有擔當，像個男人一樣有肩膀，到最重要的愛老婆。你像是一棵大樹屹立不倒，告訴我跌倒了沒關係，誰沒失敗過，像個男子漢一樣重新站起來。對我來說，他是世界上最酷、最帥的男人。

現在長大了事情變多了，有多久沒有跟老爸好好聊聊天了，而當我們回過神時都會覺得老爸又老了一點，但我又沒辦法阻止，好希望時間可以慢一點。

你養育我長大，現在我陪你變老。

有天所有的爸爸們都會老，都會走不動，但沒關係，你慢慢來，我等你，就像我小時候你溫柔的背影一樣，我一輩子都在追趕的那個帥氣背影。等我有天我追上了你，甚至超越了你，換我用溫柔的聲音對你說：

「爸，慢慢來，不要急，我會等你。」

我不覺得苦，只是我也不敢說很好

以前的日子，做完自己的事，
還會有時間看電視，
現在的事像是沒有終點一般永無止境……

有些人過日子，有些人撐日子，忙碌的生活找不到喘息的時間，越來越多的責任讓我們每天都好累。討厭的科目、麻煩的報告、討厭的上司，可是為了那幾個錢，我們也只能撐下去。

我也不覺得日子苦，只是你問我最近好嗎？我也不敢說很好，我也覺得很奇怪，明明過得還行，可就是有些無形的東西壓得我喘不過氣。苦嗎？好像還好，甜嗎？好像也沒多甜，可就是找不到那根平淡生活裡的刺。

日子雖然累，可是還是會有回報，很認真念書所以期末沒有被當，很勤奮上班，拿到薪水後終於買到了喜歡的那件衣服，也許生活給了你苦，可它也會在一些小地方還你一些甜。

現在人總是說著反話，都快哭了卻說我沒事，傷口在滴血了卻說不會痛，你明明就不好卻說我很好。生活遇到的麻煩你能依靠的只有自己，你不知道別人伸手是善意的還是虛偽的，所以說著反話武裝自己，不輕易讓人看到內心脆弱的傷口。

生活的甜與苦是硬幣的兩面，背後還有更多你無法想像的心酸，多少人在生活的逼迫下放棄了原本的執著，好幾次想當一隻鳥遠走高飛，可是生活的枷鎖是那麼地沉重，那麼地絕望。

成年人的世界有很多身不由己，那是年輕的我們無法想像的，小時候想哭就大哭，長大了連崩潰都要看時間，他們的背後有隻手推著他前進，還來不及喘息就有新的壓力。

我不覺得日子苦，
可是你問我最近好嗎？
我也不敢說很好。

生活和責任

「等你以後有了自己的家庭，你就會知道為什麼了？」

這是小時候不解爸媽的想法時，他們會告訴我的一句話。現在的我還沒有自己的家庭，但我好像可以稍微明白這句話的意義了。

以前覺得老爸老媽是超人，即使上班到很晚才回家，隔天還是可以準時起床，有時我感冒不舒服，他們陪了我整個晚上，但隔天還是一樣去上班，那時候我天真地以為是鬧鐘叫醒了他們。

不常看到他們的愁眉苦臉，讓我以為出社會是一件很幸福的事情，可以自己賺錢自己花，經濟獨立，我想去哪就去哪，想快快長大，但他們總是跟我說「你要好好念書」。

想要的東西都會盡量滿足我，遇到錢的事情他們會說「錢的事我們會處理，你只要健康長大就好了」，這讓我以為賺錢很容易，當別人的父母好像也沒有什麼壓力。

但當我升上了高中，我趁著寒暑假做了一些兼職的工作，習慣假日睡到中午的我，為了上班早早爬起來，這時才終於明白為什麼父母可以這麼早起，原來叫醒他們的不是鬧鐘，不是夢想，而是生活和責任。原來父母不是超人，他們只是個普通人，總是微笑是不想把上班的壓力給我們，我曾天真地以為他們的笑是發自內心的笑，現在才知道那只是不想讓我們擔心的笑。

當你有了一個家，你就有了生活，你就有了責任。可能之後你會有自己的家庭，你會有你要背負的包袱，那時你就會明白為什麼是生活和責任叫醒了你，因為你如果不起身，就沒有生活，如果你有了家還不認真，那你就是不負責任。

「世界上沒有什麼歲月靜好，那只不過是有人在替你負重」，現在有人為你遮風擋雨，有天你可能也會成為別人的大樹。有朝一日我們會成為完全獨立的大人，你也會慢慢明白原來父母說的雖然我不愛聽，但大多都是對的。

每個人的生活都有自己才知道的難處，你有，你的父母有，每個人都有，只是為了生活、為了說過的承諾，有些人必須隱藏自己。父母沒在哭不代表他很快樂，也許他們好幾次都在崩潰的邊緣，是因為腦海裡閃過了你，閃過了家庭的每個成員，才讓他有了再站起來的勇氣。

哪有什麼不缺錢，我打工要死要活連買個一百塊的玩具都捨不得，但當我說我想換手機時，父母還是拿錢出來；我小時候開心地覺得有新手機了，長大卻後悔為何當時那麼不懂事。

可能對他們來說，錢可以再賺，跟錢比起來，我的快樂更加重要。

「你只要過你想過的人生，剩下的我會想辦法。」

飛機、時光機

異地戀靠的是比別人多的安全感，
比別人堅定的內心，
跟比別人多的相信。

現在的交通發達，見上一面不再是一件難事，想要見到對方可以搭高鐵、坐客運，再遠一點可以坐飛機，對他們來說見面的時間比什麼都珍貴，把握每分每秒，機場比婚禮現場見證了更多真誠的吻，這個吻不是分別，而是下次再見。

那，如果再也見不到呢？

有些人想見，可以坐飛機，而有些人想見，只能坐時光機。

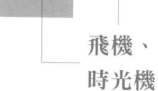

回到最初的原點，看到還未認識你的我，而你知道最後的結尾，你會阻止他，還是再次遇見？這沒有一個正確的答案，最後的難過是真的，但曾和你相處的快樂也是真的，不負對方就好了。

你在國外，我可以坐上十幾個小時的飛機去找你，但如果你在過去，我要去哪找到你？在那些曾經聊天的字裡行間，在那些一起拍過的老照片，看著那些點滴回憶湧上心頭，多想抱著你，跟你說我有多想你。

但現實沒有時光機，心中的思念無法傳到他的心裡，想到他就想到未曾說出口的話，也許說了我們就會不一樣。再見一面成了多少人心中的遺憾，到最後才肯說出心中的感謝，才肯說出憋在心裡的話，但當你意識到時已經來不及。

房東的貓唱著：「我多想再見你，哪怕匆匆一眼就別離。」

我相信我們還會相見，

在心裡，在夢裡，

我真的，好想你。

我很想回去
可是我已經回不去了
總會有一天
你會對著過去的傷痛微笑

輯三

聊到你們時
你們像是我的驕傲
僅次於愛情跟親情的力量、

可以做朋友嗎？還可以做朋友嗎？

朋友，
是人一生中不可或缺的。

知心的好友，會害你的好友，損你的朋友，一起哭笑的朋友，不管是什麼樣的朋友，都會讓你的生活更多滋味，讓生活不再單調。

《玩具總動員》裡面有句話：「朋友，是你一生中最珍貴的寶藏。」

「你好，很高興認識你，可以做朋友嗎？」

每一段關係的開始就是這麼簡單，被你的特質吸引，覺得我們應該很合，你或我鼓起勇氣說了這句話，屬於我們的故事就這樣開始了。不同的兩個人變成了朋友，這也是一種緣分吧，從此不再孤單，終於有人可以訴苦，分組時不怕找不到夥伴，友情支撐著你每天來學校的動力。

「還可以做朋友嗎？」

這代表著一段關係的結束，心中的疙瘩可能說開了，但你們卻無法回到原點，你們的關係像張白紙被揉成了一團再攤開，誤會解開了，可那皺褶依然在。也許心裡真的覺得沒關係了，可真的面對對方時又會不自覺地想到不開心的過去，你們回不去了，真的回不去了。

真正的友情，應該就是別人擁有你，跟擁有寶物一樣吧！朋友再好也會有摩擦、衝突，好朋友不是一輩子不吵架，而是吵架了，還能一輩子。都想捍衛自己的想法，卻也願意退一步妥協，然後和好。我曾經因為誤會失去的摯友，也有因為追同一個女生而互相吃醋的朋友，我們因為爭吵，回不去原來的單純，最純淨的友誼。

如果當時我成熟一點，試著道歉，是不是就會不一樣了呢？

再多的後悔都沒有用，因為我們早已分道揚鑣，希望你未來也有屬於自己美好的友情，有機會希望可以跟你再做一次朋友。

世界上沒有後悔藥可以吃，有些行為是第一次，也是最後一次，如果怎樣就好了……可世界上沒有如果，只有已經。回不去的永遠是最珍貴的，在時光機發明出來前你無能為力，如果你真想做什麼，那就在心裡告訴自己不要把姿態放那麼高，有時彎腰的一句道歉，可以讓你們的故事續寫篇章。

謝謝你一起陪我等天亮

朋友，
是一生當中美麗的風景。

人生因為有了真心的朋友而不再孤單，反而多了一份快樂和幸福，朋友之間，不需要刻意去靠近。太過濃烈的感情，往往是來得快去得也快，曇花一現。真正的友情是細水長流，平淡而沉穩，沒有掀起什麼大浪，但它一直都在。

人生中如果沒有朋友，就好像草莓蛋糕上面雖然有了甜美的草莓，卻沒有鮮奶油的陪襯一樣單調。不管是求學階段還是出了社會，會遇到各式各樣的人，你們志同道合，說不定就成為一輩子的摯友。時間，是衡量友情的一把尺，有些人的朋友總是牽扯著利益，不純淨的友誼經不起時間的考驗，真心相待的朋友，才是你真正的朋友。交友不是為了從對方那裡拿到好處，而是作為一道陽光，帶給對方溫暖和快樂，朋友不需要完美，也不需要門當戶對，相投的兩個人就是好朋友。

你們或許擦肩而過，或許只在那個階段陪伴了我，還是感謝你在我的求學階段，願意陪我度過那些時光。現在資訊發達，還記得以前畢業，還要寫什麼畢業紀念冊，現在都是Line、臉書、instagram 加一加就好了。資訊發達是好事，它加速了我們的互動，以前跟朋友聊天還要考慮電話費會不會爆表，簡訊傳太多會被發現，現在更自由，沒有字數限制，卻也發不出最真實的感謝。

難過的時候會找好麻吉、好兄弟、好閨蜜訴苦，雖然他們沒辦法幫你什麼，但總覺得跟他們說了話，好像自己的情況就有好轉。所謂好朋友就是會在最黑暗的時候，陪你一起等天亮的人，你怕黑但他會抱著你跟你說不要怕，最後一起迎接隔天的天晴。

謝謝你們的陪伴，也希望我們的友誼可以延續到未來，可能我們哪天都會有自己的家庭，可能未來我們出社會後見面的機會會變少，但希望有空還是可以出來聊一下。

致那些好朋友／閨蜜：

謝謝你們在我最失意的時候陪伴著我，聽我說一些廢話，聽我像瘋子一樣的訴苦。

抱歉讓你們看到我軟弱的一面，

謝謝你們願意陪伴我度過黑暗。

如果下次你難過了，沒事的，換我聽你說。

友情不是一件大事

**友情就像是普洱茶一樣，
經過時間的磨練，
越久越香，越來越有價值。**

你會遇到很多不同的人，有人留下有人走遠，這是一件很正常的事，人潮洶湧，如果你有個認識好久的朋友，真的很難得。

每個階段都有你的交友圈，你也會交到所謂的朋友，交到朋友不是一件大事，而是好多好多小事。他撐起了你那段時光的快樂與難過，也分擔了你上課的苦悶；分班、畢業，每一次的分別都在考驗你們的關係是句點還是逗點。

說好的要聯絡，但真有

聯絡的有多少？你會記住一些人，但你也會遺忘一些人，當你沒辦法背出班上同學的號碼時，你已經在失去了，他會慢慢淡出你的世界，也會在你的記憶中模糊，感情都會因為距離與時間而淡掉了，何況友情。你不必為他的離開難過，謝謝他的出現讓你的生活又精彩了一頁。

培根說過：

「人沒有朋友，是最純粹最可憐的孤獨。」

你可以沒有愛情，但不能沒有友情，孤身一人的世界很冷，所以才需要朋友溫暖你的世界。

能成為朋友很簡單，但要成為知己卻很難，有些人知道你的缺點後選擇迴避，有些人知道了你的缺點卻還是在你旁邊，在你迷惘時當你的人生導師，看你墮落時又把你罵醒，不會相信流言，他只相信你。人生的幸福，是在你不幸時，有個為你擦去眼淚的朋友。

那些小事在別人眼中可能無謂、幼稚，但卻貫穿了我好長的時光。上課的惡作劇，放學的一起打球，偷偷做壞事，那些事情說上十幾遍都不會膩，可能五年、十年後，我們還會因為同一件事而笑出來。

好久不見，椅子拖來，陌生的地方，但依舊熟悉的你們。我們就像昨天放學後在校門口說著明天見的小孩子，彷彿沒有時間的推移，十年如一日，繼續寫著我們的故事。

「能遇見你們，真好。」

遇到困難的時候，雖然面對的是自己，但朋友的鼓勵跟肯定也是非常重要的，常常會因為他們的一句話讓我們又重新找到往前的動力，受傷了再爬起來，戰勝那些困難，那些願意給我鼓勵的人，謝謝你們。

負能量上來的時候擋都擋不住，總是會把事情往壞的地方想，在我陷入低潮時，我感覺世界每個人都對我有敵意，總覺得世界上我最悲慘，每次遇到麻煩我都獨自面對，在我快撐不下去的時候，就會有一雙名為「友情的手」從後面推我一把。

考試考砸了我很懊惱，覺得自己是不是不是念書的那塊料，這時會有一個熟悉的聲音：「沒差啦，你只是運氣不好，別在意。下次你一定可以的，有不會的問題我教你。」現實不能改變，我考差的事實依然存在，但聽到這句話就覺得心裡暖暖的；比賽失誤了，他說一次失誤而已不要太在意，真的懊惱的話就好好面對下一個關鍵，靠自己的表現贖罪，讓在低谷的我豁然開朗。原來一句話可以傷害別人，也可以拯救別人。

世界上討厭的人很多，但有些人卻那麼地耀眼，每當我遇到困難的時候，也許他不能幫忙我，但他願意陪著我。我亂花錢買了東西，他會告訴我「錢只是換個樣子陪著你而已」，我失戀了他會安靜地陪著我說「沒事的，你哭吧」，有時候覺得世界放棄我了，但有他們的存在讓我感覺世界也沒有那麼糟。

身邊有個願意一直鼓勵你給你肯定的人，真的太重要了。有人說愛情最偉大，但友情也是呀，對我來說他們已經超過了閨蜜、兄弟，他們在我心中有著不可撼動的地位。每次失意時總是有他們的陪伴，既然分擔不了我的難過，那就陪我一起勇敢吧。

每一次的跌倒都有他們的手拉我起來，那些在旁人眼中略帶誇張的讚美，不知道已經拯救了我多少次。謝謝你們，真的。

這篇文章寫給我的好朋友們 Gilbert、Robert、Ray、Jerry。

看到你的真誠被善待，我真的很高興

單身的時候羨慕非單身的甜蜜，非單身的時候又羨慕單身的自由。

人總是矛盾的，知道不可能還要招惹，知道會痛還硬要去碰。單身的時候在社群上看到放閃的貼文都會覺得「閃屁喔」，但話是這麼說，卻還是打從心底祝福他們。

我的好兄弟或好閨蜜就快成為現在人們口中的女友狗、男友狗了，之後相處的時間可能會變少，但我們之間的感情不會因為談戀愛而疏遠，那個屬於我們的羈絆依然存在。

我們在國三那年說好，等我們長大了，都有另一半了，我們要一群人出去玩；等我們成家立業了，我們要帶自己的家庭給對方認識。時間匆匆，我們慢慢地長大，感情的路算不上顛簸，卻也算不上順利，分分合合我們都經歷過了，我失戀了你陪我喝酒，你失戀了我衝去陪你。

就是因為認識你那麼久，才最知道你的好，你失戀了很難過，其實我也很難過，因為我不懂這麼好的你為什麼被拋棄了？你喜歡隱藏自己的情緒，在真正信任的人面前才展現，你人前裝得堅強瀟灑，但在我面前你又是那麼地無助，你說你早就不哭了，但你沒說是在別人面前。

雖然我們那一群的聚會你常常會用要陪另一半來拒絕，我們都說你是見色忘友的人，在聚會的時候一直靠北你，但前些陣子我知道你終於找到了一個懂你的人，我還是替你高興。

看著你有要努力保護的目標，有個非常愛你的人，可能還是會靠北你，但真的很開心，你的好終於有人可以看見。

在小時候的黃昏見

輯四

天空不只有烏雲，也有陽光
不要羨慕別人，
你就是風景

放過自己

「下錯的站台，恨過的你，都成了風景。」
「我放過你，便是放過自己。」

我自己也曾經被傷害過，也明白那種耿耿於懷的感覺，我們聽了旁人很多道理，自己也明白，再繼續跟他耗下去，最後只會搞到兩敗俱傷。喔，不是，是我會很受傷，因為他根本不在意。

你無數次告訴自己，我要忘了他，我也放棄他，但是總是會不經意地偷看他的狀態，看看他過得好不好，總覺得他還會對自己抱有一點點的懷念，結果他早就不在意，開始了下一段旅途。我真傻，我笑了笑自己，笑到哭了。

人這一生都在和自己的過去比賽，回憶這種東西美好起來的時候就像冬天的太陽，令人嚮往，讓人溫暖；可是難過起來就像狂風暴雨，一瞬間淋濕你的身體，會懷疑自己不適合，會鑽牛角尖。可是現實是你再多的抱怨，也不會換來對方的回心轉意，他已經跟著別人走，跟著別人創造回憶，你自以為跟他美好的過去，只是他不屑一顧的曾經。

我們誰都不能感同身受，只有自己能明白那段心酸與難過，放過自己真的談何容易。許多人苟且地活著，沒有鴻鵠之志只想當個普通人，可這世界總有數不完的煩惱。不知道從什麼時候開始，我們都把自己逼得很緊，誰不想活得像個孩子，誰不想要單純美好的生活，可是真的很難。有的時候不是我們要找生活的麻煩，而是生活來找我們麻煩。

很多人不願意離開，不願意放棄一個人，是因為不服輸，「我明明比他好」為什麼他不選我，但伴侶就是這樣，每個人對另一半的要求都不一樣，但大多數的人都喜歡聊得來的對象。外貌在未來一定會改變，美的也會有老醜的一天，但是真正重要的「心」卻不會改變。

會把你當公主的人，就是你的王子。

事情久了，也許你還是在難過，難過那個過去，但你忘了看到現在在你面前那個新的人，你會因為沉淪過去而失去了現在。你可能在時間的沖淡下，你釋懷了；你可能在時間的沖淡下，你原諒他了，原諒那個傷害過自己的人，但你呢？你自己呢？原諒了別人，但你卻忘了原諒自己。人活著，就是要為自己而活，沒人心疼你，你就自己疼自己；沒人愛你，你就自己愛自己。

你沒有不好，你很好，有會珍惜你的人出現，你不敞開心房，別人要如何進去裝潢呢？

你一直耿耿於懷，也改變不了什麼。你是不是也該放過自己了？

你不也只活過一次？

別讓別人的嘴，決定你的路。

你成功了，說什麼都是對的；你失敗了，說什麼都是錯的。

但你沒走到最後，怎麼知道這條路是成功還是失敗呢？

很多人為了滿足家人的期待，走上了自己不喜歡的道路，反而失去了自己的初心。不是說家人的建議是錯的，他們是很好的建議者，可是決定權還是在你的手上，生活是你的，不是你家人的，被決定好的人生多無聊呀。

有很多人，選擇了自己想

走的道路，卻受到很多人的為難跟不支持，覺得他不可能會成功，覺得他在浪費時間，那個養不活自己。但要記住他們說的不可能，是在說他們自己不可能，當他們說你不可能有什麼成就的時候，請告訴他們：「不，可能。」

你的人生也只活過一次，你怎麼知道我的路是錯的？

不要把你認為的東西套用在我身上，不要用你的框架局限我。你越說我不行，我就越想證明我行。我可能賺得沒有你多，可是我快樂，你一直說我不會成功，那如果我成功了呢？要成功需要天分，可是也要努力，他花一天完成，我就花兩天，我要證明我也可以。

選擇自己的路，然後走到底，自己選的路，跪著也要走完。

你依然是那個
運氣爆表的你

念書，你覺得苦悶覺得很煩，
那樣就對了。

念書就是這麼辛苦，等到你上了大學出了社會，我保證你會很懷念那個念書的時光。好好努力，你的未來在你自己的手裡，別人說你不行就證明你可以。曾經有人問我有沒有什麼遺憾，我說「沒有好好念書」，現在你們可能感覺不出來，你覺得念書很痛苦，想早早念大學出社會體驗人生，但長大真的沒有那麼美好，請好好珍惜在念書的時候。

你羨慕怎樣的未來，你想去什麼樣的遠方，就要好好努力，要成功除了天賦運氣，我想更需要努力。想要賺大錢，就好好打拚，想要什麼自己去拚搏。現在看到這篇文章的你還年輕，你可以成為任何你想要的樣子。

遇到了白目的同事、討厭的上司，你在心中罵了他好多次，結果見到面時還是笑著說你好。出了社會才明白原來社會這麼險惡，每天過著社畜的人生，像機器人一樣做著重覆的事，好想回到小時候，但是已經回不去了。以前有老媽的三菜一湯，現在只有自助餐阿姨的「帥哥今天要什麼」，老爸老媽問你最近過得如何，你用顫抖的聲音說了句還行；以前一直想離開家裡，現在卻開始搶連假回家的車票。

遇到麻煩的事只能靠自己解決，在心中罵完髒話然後嘆口氣繼續完成工作，也許這就是長大，我曾經最想到達的地方，現在卻想回到過去。辛苦你了認真的你，也許你生活得很狼狽，但你努力靠自己的樣子真的很美，泡杯茶休息一下，煩躁的你是沒辦法完美地完成工作。

也許你還在糾結他的訊息，他到底要不要回我，他到底是什麼意思，你總覺得是不是自己不夠好，不夠完美。親愛的，這世界上沒有人是完美的，你的缺點、你的不完美，可能就是你最有魅力的地方。你不要一直討好對方，因為討來的不會好，對一個人太過熱情，只會增加你不被珍惜的機率。

生活不是為了愛情而生，但愛情卻是基於生活，你可能有段很爛的愛情，但你不能讓自己有個糟透的人生。生活的重心應該是你而不是他，慢慢放下對他太強烈的情感，找回你生活的意義，想想以前沒有他，你是怎麼活過來的，努力成為一個很棒的人。當你經濟獨立，什麼都靠自己的時候，你會發現你不再在意一個人到底愛不愛你，那種忽冷忽熱的無力感我懂，但能救你的只有你自己，你要等，你要相信愛情，我相信你的主動有天一定也會被溫柔對待的。

有些坎你只能自己面對，念書很痛苦但沒人能幫你念，你要什麼生活什麼日子，決定權在你手上。

上班很煩很想家，上班很煩但你也只能面對。同事可能會背叛你，但錢不會，雖然現實，但一疊鈔票的安全感大過所有。你很想家就努力一點，把他們接上來一起生活。

感情的事讓你失眠了好多天，你想出來的辦法就是放過自己，好好想想你要的愛情真的是這樣的嗎？是一起變好還是單方面的堅持？這個坎很難過沒錯，但你如果不跨過去，你是永遠不會好的。

祝福你們，也祝我自己可以度過現在面對的這個坎，相信等過了這個難關之後，又是那個陽光愛笑、運氣爆表的你。

嗯，沒事的，一定沒問題的。

當時的夢想我還記得

**70 億個人有著 70 億個靈魂，
每個人都是獨一無二的。**

大家都有自己的生活，有人對現在的生活很滿足，有人正在努力讓自己的生活變得滿意，大家都想在未來過上想過的生活，愛一個自己喜歡的人，不用多麼精彩，只要平凡快樂就可以了。

當你不知道你要變成什麼樣的人時，就想想小時候你羨慕的大人是什麼樣子的，然後努力往那個方向前進，單純的小時候有著單純的幻想，我想那就是你最想成為的樣子吧。

成為自己想成為的人的過程，是一條漫長的路，一路上你會經歷狂風的摧殘，你會經過大雨的洗禮，但你也會看到雨過天晴的彩虹，也會看到下午三點半的藍天。失意時你看了看天空，告訴自己天還是晴朗，我還是可以再加油，當你成功了，就看了一下自己的腳，不要忘了走來的每一步。

成功不會是永遠的，而失敗也不會是永遠的。

你不會一路順暢，你會遇到很多的問題，當你在變好的路上時，你會有很多「我好辛苦，我好累，我想放棄」的念頭，那都是正常的。好的都不會太快得到，想要的生活也不會，我看過很多人最後都撐過去了，我相信你也一定可以。

成功了，恭喜你！

你的努力堅持已經結成甜美的果實。不要忘記過程的坎坷，把那個堅持變成你每次遇到問題時勇敢解決的勇氣。

失敗了，別氣餒！

希望你不缺再來一次的勇氣，努力不一定會成功，但一定不是後悔，這次的跌倒也許會讓你信心受傷，但現在的痛苦一定會在你成功時變成最甜美的笑容。休息一下再出發，你前段時間努力的結果可能不是那麼好，但我相信那段時間的成長跟勇敢絕對不會白費，跌倒了再站起來拍拍屁股繼續，下次的結果一定會是好的。

你可以成為任何你想成為的人，只要你還活著都不算太晚，努力往上爬，努力發光。你無法預知生活下一步棋怎麼走，可能讓你跌入深淵，也可能讓你進入高峰，生活像是一場賭局，而你不知道你下一局是輸是贏。迷惘是一定的，誰沒迷惘過，對於未來感到害怕很正常，我要繼續還是放棄？我會不會做錯了？我感覺我在浪費時間？腦中閃過的這些念頭都會讓你迷惘，讓你動搖。

迷惘的時候，低頭看看自己的足跡，那些日子絕對不是毫無意義，熱衷於自己喜歡的事情是最大的快樂，很累但是臉上掛著笑容。那些曾以為不能過的我都過了，多少次想放棄都說服自己了，那這次一定也沒問題。抬頭看看天空，你是苦一陣子不是苦一輩子，迷惘就迷惘，那我更要用我的手撥開雲霧，看到屬於自己的太陽。

迷惘的時候跟自己說：「當時的夢想，我還記得。」

是什麼讓你做出這個選擇？為什麼那麼多興趣嗜好，你選擇了這個？當時眼睛閃閃發亮羨慕別人的自己你還記得嗎？夢想不會是夢也不會是想，只要你願意堅持，即便是多微小的變化，都會是你成功的基石。你是顆金子就不會被埋沒，總有一天你會發光，不論在哪都一樣。

夢想是顆種子，種在我們的心田，

我為夢想付出的汗水與淚水，會是它最豐富的肥料。

有時間難過，不如花時間優秀

裝睡的人叫不醒，離開的人攔不住。

有時候會收到一些私訊：

「我跟我的另一半分開了，為什麼可以那麼突然？」

「曖昧對象昨天還好好的，今天怎麼就不理我了？」

一個人如果離開你，請你千萬不要問原因，因為你能想到的所有理由都是對的。

你要怎麼想都可以，事實就是他離開了，沒有人的離開是突然的，一定都是慢慢地累積，到最後壓垮了那根稻草，才做出離開的決定。

不見棺材不掉淚。

有時候不知道是自信過剩，還是有虐待自己的傾向，明明你比誰都清楚這件事的最後，你也知道看了會很難過，卻還是經不起誘惑去摳那個受傷的痂，最後流血了才後悔為什麼手賤。

考試沒念書，一題都不會，明明知道成績一定很爛，卻還是手賤去查了成績，讓自己心情很難過；刮刮樂刮到「謝」後，一定要全部刮完，看到「謝謝惠顧」才肯罷休。

喜歡一個人也是一樣，你明知道他離開的理由，也知道他不可能回頭，你卻一次一次地去碰觸你的傷口。哎呀，好痛，不碰了，結痂了，你自己知道那是心中最軟的一塊，還是手賤去摳，讓自己再受傷一次。你那個不是念舊，也不是放不下，純粹只是因為你犯賤而已。

一個人的離開往往都讓我們措手不及，一個轉身，一個關門，可能他就消失在你的人生當中，你連好好說再見的機會都沒有。

一個人的離去已成定局，你再怎麼後悔他都不會回來，你再怎麼補救那個皺褶依然在，你能想到的理由都是對的，一個人真的要走，你是攔不住的，一個人要走，連1＋1＝2都可以是理由。

血淋淋的現實就在眼前：「他已經離開了。」

你不放下他還是會走，你放下了他也是會走。不要糾結已經離開的人事物，朋友也會，戀人也罷，如果你們真的有緣，我相信錯過了還是會再相遇，也許下次見面時你已經足夠優秀，心裡想著「我現在那麼優秀，好像也沒非你不可了」。

一個人的離開都會伴隨著難過跟後悔，難過他離開了，後悔自己有太多沒說出口，沒做到的事情，但那已經是浮雲，你在幻夢中模擬一千次，說了一萬次留下來，依然不會傳到他的耳裡。

與其困在過去，不如寫出自己的故事，離開的東西就是離開了，不要去糾結離開的東西，請仔細想想現在我還剩下什麼。珍惜它、保護它、重視它，不要再因為後悔、遺憾而讓我們重視的人離開。

離開就是離開，說再多，做再多他都是離開；

盤子碎了就是碎了，人心涼了就是涼了。

有時間難過，不如花時間優秀。

「值得你珍惜的東西還多著呢！」

我很高興當時我有全力以赴

每個階段該做的事都要全力以赴，
因為也許你是最後一次，
為這件事這麼拚命了。

每個階段都有每個階段該做的事情，學生時代就是好好念書，出了社會就是好好工作，出去玩就是要好好玩。

有些人比較不聰明，念書總是要花比別人多十倍、二十倍的時間，但他依然很努力。討厭英文，討厭數學，卻願意為了進步而拿起課本苦讀，花時間去戰勝自己曾經不敢面對的事；最後得到的結果可能不會是最好的，但至少不會是後悔。現在他們若想起那段時光，我想，他們也很高興當時的自己有全力以赴吧。

想到自己剛開始談戀愛的時候，我想不少人都會會心一笑吧！情竇初開的我們是個連牽手都會臉紅，抱抱都會緊張的小毛頭，第一次出去挑了自己最帥氣的衣服、剛買的襪子，出門前還一定要洗個澡，用一〇〇分最棒的自己，去找一〇一分的他。

有些人因為家裡因素分手，有些人是因為分到不同學校而分手，有人是因為吵架而分手，每個原因的背後都有著那個時候的我們過不去的遺憾。以為就是他了，一起經歷了風風雨雨，別人過不去的你們都挺過來了，所有人都認為你們不可能分開，而最後卻真的分開了。

現在想到自己第一次談戀愛的時候，真的是想挖個洞鑽進去，那時候的我們沒有什麼錢，一杯奶茶兩根吸管、一段小路手牽手，簡單的愛情就是我們當時的全部。

很高興當時遇到了你，

也很高興我當時有全力以赴。
可能留下了遺憾，卻也留下了最美好的記憶。

生活應該美好又溫柔，你也是

常常有人跟我說他覺得生活得很累，他不想長大。

其實不只是他，我自己有時也覺得生活很累，學校、IG、自己的一些雜事等等，忙起來真的讓我快要窒息。只是我又有什麼辦法，我還沒優秀到可以決定自己要的生活，所以只能咬著牙撐下去。

很多人覺得生活灰暗殘忍，是因為他們選擇了錯誤的東西去珍惜。

你應該要交一個會讓你開心的朋友，而不是那種會害怕他在背後捅你一刀的。世界上有三種力量很強大：愛情、親情、友情，沒有說朋友一定要優秀，一定要多有成就，但他們可以讓我發自內心地大笑，我們沒有血緣關係，卻像親兄弟。

去愛一個不會讓自己哭泣的人，愛你的人，怎麼會捨得讓你哭？你整天以淚洗面求他回頭看一眼，但他早已離開，你還在糾結放不下，每天跟著眼淚入睡，這是你要的愛情嗎？一個人幫你擦淚跟捨不得你哭，是兩件不同的事情。

想去哪裡就去哪裡，想要往哪個方向就堅定地走下去，一路可能顛簸難行，但那些都會變成你獨一無二的故事。你還年輕，你還有很多的時間去完成你的夢想，你可以看不起我，但我會證明給你看。再小的夢想都有實現的價值，即使在追夢的路上跌倒受傷，你也值得有個最棒的掌聲。

生活其實沒有想像中的那麼難過，它美好又溫柔；遇到挫折我們都會灰心難過，但最棒的東西哪有那麼容易得到，如果一個夢想那麼容易得到，你就不值得被別人羨慕了。

不管你的生活現在是好是壞、是開心是難過，希望你們都可以撐下去，好好的生活，生活其實很美，很溫柔，你也一樣。

你的眼睛不適合流淚，上帝給你眼睛不是要你流淚，是要你找到一個對的人。

你的臉不適合臭臉，其實笑一個也很美。

你說自己沒有吸引別人的地方，但你不知道你的獨一無二正是你最有魅力的地方。

生活可以不完美，

但你一定要記住：

「我超美。」

原來自己那麼棒

太宰治的《人間失格》中有一句話：「生而為人，我很抱歉。」

不管你有沒有讀過他的書，你或多或少應該都聽過這句話，不知是對生活有多絕望才會說出這句話。我第一次看《人間失格》是大學時，也是因為聽到這句話而買了書來看。很多人都喜歡這句話，是因為喜歡字面上的意思，這是一句簡單但又從側面表現出絕望的一句話。但我覺得這句話的意思不單單如此，你覺得世界沒有你的容身之處，你覺得你不該出現在這個世界上，所以「生而為人，我很抱歉」。但我覺得，「你生而為人，有什麼好抱歉的。」

天生我材必有用，一個人來到這個世界上就一定有他要完成的使命，也許你覺得你灰暗得像角落的塵埃，但說不定你同時也可以是溫暖別人的太陽，不要在第一時間就否定自己，你都怕輸了，那你怎麼贏？

很多人的失常都不是自己能力不足，而是因為沒有自信，覺得對方很強，我很爛，覺得他好厲害，我好廢。你的心魔壓過你想要贏的心，那你當然會害怕，那你怎麼會好，你為什麼不正視自己的心呢？

你不是不夠好，你只是少了一點信心，沒有人天生就信心爆棚，如果有，代表他沒見過世面。信心都是從日常生活的累積，人外有人，天外有天，遇到比你厲害的就請教他建議，因為別人總是可以看到你看不到的，然後嘗試相信自己一次，失敗了也沒關係。誰沒失敗過，重要的是你的過程跟結果讓你成長了多少。

你堅持了一件事情，你沒有一百分但你拿到了七十分，這不就是信心的累積跟你的進步嗎？試著跟自己對話，然後做出改變，一次又一次，有天你也可以完成你當時認為不可能的事，原來自己也很棒，原來那不是天方夜譚，原來我也可以。

相信自己你一定可以，跌倒了，受傷了又如何，死不了就爬起來繼續，你承受得住那些壓力，有天你一定會變成一個很棒的人。那些看不起我的，我會證明給你看，那些你說我做不到的，我就做給你看。

「生而為人，我很抱歉。」

「生而為人，你有什麼好抱歉的？

「你不要只是抱歉，還請你好好努力。」

光輝歲月

夢想是夢也是想，是你朝思暮想的夢，也是你想去的未來。

誰不希望自己的生活順利，誰沒有夢想，只是你真的有去實踐嗎？

時間是最公平的，一天就是二十四小時，比的就是珍惜。那些走的比較遠的人，不一定比你聰明，他們只是每天堅持往前一點點，久而久之也會有顯著的成長。那些所謂的光輝歲月，不是後來閃耀的日子，而是無人問津時，你對夢想的偏執。

那些閃耀的日子，是沉寂了很久迎來的陽光，是你辛苦的結果。沐浴陽光的暖意你最明白，曾經熬過的困難一一浮現，那些委屈跟刺激是你成長的動力，有時候你不逼自己，是不會知道自己的極限在哪裡，你替受傷的自己敷藥，承擔著這一份痛楚來努力成長。

誰不想要光輝的歲月，誰甘心一輩子黯淡無光，只是為了你的夢想，你做出相對應的努力了嗎？

今天的你成功了，你說什麼都是道理，說什麼都是名言，為什麼一樣的話，普通人跟比爾蓋茲說的感覺不一樣？是因為比爾蓋茲有他的成就背書，而你什麼都沒有。

那些無人問津的日子，你對夢想有偏執嗎？還是覺得無所謂了隨便敷衍，你因為什麼出發，你還記得嗎？那個追夢的自己怎麼停下了腳步？你被現實絆倒了，動了放棄的念頭，可是人生本來就充滿著阻礙，生活不是你老媽，他不會處處慣著你，你不試著去突破，那你只會被吞噬。

生氣不如好好爭氣，抱怨不如好好改變。

你還沒被打垮，你還可以站起來；

你沒有那麼差，只是你要相信自己。

你是顆種子被種入灰暗的泥土，你嘗過風雨，也曬過暖陽，生活給了你最豐富的肥料，就等你衝破外殼往上爭取。十年的蟄伏就為了一瞬的美麗，你從不因為無人問津而對自己妥協，而是每天不斷地努力再努力。累，但是你臉上的笑容很滿足，那些你對夢想的偏執，就是屬於你的光輝歲月。

這一條路上
你可以哭
但你不能停下來
你是主角，你不會輸

輯五

難過了就大哭，這又沒什麼
如果你一直樂觀
我相信你有天會崩潰

垃圾也曾是禮物

有人說他分手很難過，
正常，誰分手不難過？
只是有沒有表現出來而已。

「yoyo，已經三個月了，我還是放不下怎麼辦？」

其實這類的問題我已經被問好多次了，

「放不下你就舉著好了，反正手痠了，你自然就會放下了。」

三個月，三年，三十年，你去問問長輩，他們還會放不下之前的戀情嗎？

「都過去那麼久了，早就放下了。」

你看，沒有什麼是放不下的。

沒有誰一定非誰不可，有時候你會覺得沒有他不行，他就是一切，你還是對曾經的戀情耿耿於懷。一個月放不下，那就一年，一年放不下，那就十年。未來的人生旅途你會遇到很多人，也一定會遇到對的人，你在遇到之前，要做的就是讓自己變成可以跟他相配的、那個更好的人。

未來有天你會想起，但我相信你會笑出來，不是回憶多開心，而是當時的自己有多蠢。可能他是渣男、婊子，可能對他來說，你只是一個可有可無的人。但曾經的你卻把他看得比自己重要，殊不知他早已放下，而且不只放下，還把你埋起來了，你卻還在棉被裡用眼淚祈求挽回他。

對的人，真的不會只有一個。

你要知道，

垃圾，曾經也是個禮物。

你曾最他媽珍惜的禮物，
現在變成你最不想看到的垃圾。

不要從別人那打聽我

「如果你沒瞎，
就別用耳朵了解我。」

在認識一個人之前，心中總是對他有很多想法，他是不是人很好，他談吐是風趣還是無聊，認識一個人之前，會在腦袋模擬千百萬個他的樣子，而真正的面紗只有見到的那一刻才會被掀開。

「欸，我跟你說，他之前怎樣怎樣……」

「欸，你知道他小時候怎樣怎樣……」

「他有時候會背叛朋友，你自己小心一點。」

每次聽到這種話，就算自己明明沒見過他，還是在無形中幫他設置了一個透明的框架。不要說不會，一定會，你會帶著別人對他的評價去認識一個人。

相處了一段時間，發現他並沒有像其他人說得那麼差。他對別人都沉默寡言，對你卻滔滔不絕，你開始把之前對他的想像重新拼湊，拼湊出你真正認識的他。

小時候總是覺得，別人討厭自己一定是自己做的不好，或是得罪了他，都會先反省自己，希望自己可以找到自己的缺點，我想跟所有人都當好朋友。長大了明白一個道理：「走不進的世界，就別硬擠了吧，為難了別人，作賤了自己。」

上了大學、出了社會，你會發現你很難再交到跟求學期間一樣的好朋友，等你過了那個年紀，追求的就是現實的問題。你會發現越長大，兄弟越來越少，朋友越來越多。

每個人都有每個人的交友圈，你跟他沒有交集，不代表別人跟他沒有交集；

你覺得他沉默寡言，他對別人卻像是有說不完的話。

所以，不要去打聽別人是個怎麼樣的人，因為他對每個人都不一樣，除非他是ＮＰＣ，有跟他個性契合的人，也有跟他水火不容的人。

你覺得他脾氣差，有夠討厭，

但他說不定是只對你這樣。

你不要一直跟我說對不起

小時候老師教我們，
做錯事就要道歉，
只要你誠心地道歉，
一定會得到別人的原諒。

長大後才知道，不是所有的道歉都能換來一句沒關係，也不是所有道歉都能換來原諒。

「對不起只是你的安心，而非我的釋然。」

做錯事就要道歉，這是我們從小到大老師跟家長給我們的觀念。誰不會犯錯，犯錯的我們沒有說話的權利，因為我們傷到了別人，而在別人沒有原諒我們之前，我們都沒有權利。

道歉的方法千百種：

「好啦！請你喝飲料賠罪。」

「請你吃晚餐啦！」

「這個我會賠你啦！」

只要不是太嚴重的事，大多都可以換來別人微笑的沒關係。

之前在網路上看到一個故事，有個人求學期間被霸凌，三十年後的同學會，霸凌他的同學跟他道歉。

他說：「當時大家年幼無知，不是惡意。三十年後，重要的不是你們的道歉，我開心大家找到我，忘掉過去不愉快的事情，重拾這段友誼。」

要講出這段話需要多大的勇氣，那段時間的痛苦，我相信他到現在還是記得，可是他卻選擇了原諒。也許是長大了，都過那麼久了，早就無所謂了，但要跟曾經的傷害妥協真的非常不容易。

誠心的道歉會換來原諒，但也不是所有的道歉都會被原諒。

被劈腿了，對方意識到自己已經傷害了他，拚命地想道歉，但你不知道你傷害我的時候，我有多難過，你不知道我那段時間流了多少淚。

我天天以淚洗面換來你一句：

「對不起我錯了，原諒我好嗎？」

你當我是什麼？

你不斷道歉，對我好，希望可以消除我心中的結。

但抱歉，你別一直跟我道歉，

因為我真的不想原諒你。

我不想原諒你，但我也不會刻意去恨你，反而要謝謝你讓我學會了一些事，這件事對我來說早已雲淡風輕，現在的我很順利，你也過得不差，那就別來互相打擾了。

我也想寬容似海，可我心底那個痛楚說不准，如果我原諒了你，是對曾經痛苦的自己最大的侮辱。

我不是因為流行才厭世，我是真的不快樂

流行像是季節一樣常常在變，
長襪到短襪、浮誇的衣裝到簡單的素 T，
而有一個風格這幾年很流行，
就是厭世風。

現在什麼都要厭世一下，發文都要黑暗一下，愛心不能用紅色的，一定要黑色的，拍照不能開心比耶，而是要臭臉不看鏡頭。越來越多人都嘗試這種風格，好像不厭世就顯得你很遜。

我也會臭臉，我也會不想跟人講話，我也會看誰都討厭，但我不是因為流行才厭世，我是真的不快樂。

感覺上來的時候誰都擋不住，而我也說不出原因，就是突然地不快樂。我覺得全世界都與我為敵，誰看我都好像帶

著敵意；我不想跟任何人說話，因為要想怎麼回很麻煩。我不是故意臭臉，是因為我真的笑不出來，那些負面的情緒衝上我的腦門，輕則沉默不說話，重則難過流淚。我不知道原因，只是一直流淚，但很神奇，睡一覺之後又全部都好了。

這個世界到處都不公平，有人是富二代，有人是窮人，有人拚了命努力卻只是從四流擠到了三流，輸給了一開始就是一流的人。條條大路通羅馬，可是有人就生在那，世界太不公平了，我也沒辦法改變，那我只好討厭它。

大家都說親情、愛情、友情可以當成生活的調適，但當這三種情都救不了你的時候，你會很討厭這個世界。厭世是對生活不滿的反擊，你想要更好卻發現自己越來越爛的時候，面對討厭的人卻必須微笑的時候，每一次的失望跟違心都讓你更加討厭這個世界，好像我努力想抓住什麼，什麼就會離我而去。

很多雞湯文都說得頭頭是道，說些很好聽的話，但那些樂觀跟順耳的話根本幫不了你。良藥苦口，真實的話最疼痛卻最有效，現實就是這麼殘酷。都說真心可以換到真情，但我們真心換到的大多都是絕情，過河拆橋、笑裡藏刀，我明明都真心待你了，為什麼結局卻不像你說得那樣美好？帶著面具跳進人海，卻不小心淹死了。

沒看到我在哭就以為我很快樂，你看到我在笑就以為我很喜歡這個世界。沒有，我討厭這個世界！而你也不用說我虛偽，因為世界本來就虛偽。

別人總是投以期待的目光在我身上，但那些目光卻成了我最重的包袱，什麼時候開始，我們活在別人的眼神中？我也想為自己活一次看看，可我微小的倔強，卻和身旁虛假的世界顯得格格不入。

我有時候真的好討厭這個世界。

我不是因為
流行才厭世
我是真的不快樂

後記

你的生活是不是也有難以啟齒的遺憾？生活裡處處是遺憾，我們無法將它忘記，只能學著與它共存，接納遇到的每一件事。離開也好、相聚也好，沒有那些事的雕琢，也不會造就出現在的你。

我們都曾經在感情裡受過傷，受傷、療傷、痊癒到接納，每個階段都有它的難處，我把它記錄下來，希望看過的你們可以從中得到一些啟發或溫度。曾經有人問我：「為什麼你相信你會遇到屬於你的愛情？」我笑著回答：「我也不知道，不過只要相信著，心裡就會有力量，好像真的就會發生。」

平凡的字句拼湊出溫暖的力量，不只是現在，希望幾年後的你，無意間拿起這本書時，也可以想到當時懵懂的自己。那時的善良、那時的心跳依然那麼深刻，我們都年輕過，總要留下一些難忘。

那些說不出的遺憾，像溺水時的無力感，被我輕輕地寫在字裡行間中；年少的執著，明白後的大雨，都在這本書的每個角落。讀完的你若很感動，可能不是因為我寫的內容，而是因為你在其中，看到了似曾相識的自己。但那樣就夠了，希望你被理解，也許你早已遍體鱗傷，但一定要相信會有人來治癒你的疤。

「你總是抱怨著世界上沒有溫柔，那我給你吧。」

最後，非常感謝今周刊的編輯跟行銷團隊，還有支持我的你們。從沒想過自己有天也能成為別人的力量，想說的話太多太多，那就把它濃縮成最真誠的兩個字：

「謝謝。」

國家圖書館出版品預行編目（CIP）資料

我長成了你喜歡的樣子 / yoyo 作
-- 初版. -- 臺北市：今周刊, 2020.4
304面；14.8 × 21公分. -- (社會心理系列；24)
ISBN 978-957-9054-57-7(平裝)

1. 戀愛　2. 人生哲學　3. 通俗作品

194.7　　109002531

社會心理系列 24

我長成了你喜歡的樣子

作　　者　yoyo
主　　編　李志威
行銷經理　胡弘一
行銷主任　彭澤葳
封面設計　宋紫琳
內文排版　周亞萱
校　　對　羅文翠

發 行 人　謝金河
社　　長　梁永煌
副總經理　吳幸芳

出 版 者　今周刊出版社股份有限公司
地　　址　台北市中山區南京東路一段 96 號 8 樓
電　　話　886-2-2581-6196
傳　　真　886-2-2531-6438
讀者專線　886-2-2581-6196 轉 1
劃撥帳號　19865054
戶　　名　今周刊出版社股份有限公司
網　　址　http://www.businesstoday.com.tw

總 經 銷　大和書報股份有限公司
製版印刷　緯峰印刷股份有限公司
初版一刷　2020 年 4 月
初版七刷　2020 年 8 月
定　　價　340 元